CW01371026

LE SAINT PAPE
ET LE GRAND MONARQUE

D'APRÈS LES PROPHÉTIES

AUGMENTÉ D'UN PORTRAIT DE L'AUTEUR, 2 CARTES ET 17 ILLUSTRATIONS

André Lesage
Marquis de La Franquerie

Combattant de la Foi catholique
(1901-1992†)

24 août 1939, au cours d'une Extase de Marie-Julie Jahenny – Notre Seigneur et la très Sainte Vierge nous annoncèrent que la deuxième conflagration allait éclater et notre Seigneur parlant de moi, Marquis de La Franquerie ajouta :

« *Il faut que mon petit serviteur emporte chez lui tous les documents concernant Marie-Julie, afin que les Allemands ne puissent pas s'en saisir.* »

Monsieur de La Franquerie a toujours conservé soigneusement ces documents que le Ciel, lui avait confié. Et c'est en 1958 qu'il a créé une association, qu'il a présidé jusqu'à sa mort en 1992.

En 1939 Monsieur de La Franquerie devint Camérier secret et ami de sa Sainteté le Pape Pie XII, qui était venu rendre visite à Marie-Julie à l'occasion d'un passage en France, et alors qu'il était encore le Cardinal Pacelli, mais également du Bienheureux Pape Jean XXIII et du Pape Paul VI.

Monsieur le Marquis avait rencontré Marie-Julie sur les conseils de Mgr Jouin.

La petite fille du Marquis de La Franquerie, accueille les pèlerins à La Fraudais.

Marquis de la Franquerie

Le saint Pape et le Grand Monarque

d'après les prophéties

DU MÊME AUTEUR

- *La Vierge Marie dans l'histoire de France* avec préface du Cardinal Baudrillart. Ouvrage couronné par l'Académie Française – 3ᵉ édition – illustrée.
- *La mission divine de la France* – 5ᵉ édition.
- *Mémoire pour la consécration de la France à saint Michel* préfacé de S. Exc. Mgr de la Villerabel, archevêque d'Aix – 3ᵉ édition.
- *L'infaillibilité pontificale, le syllabus, la condamnation du modernisme & du sillon, la crise actuelle de l'église* – 2ᵉ édition.
- *Le caractère sacré & divin de la royauté en France.*
- *Le sacré-cœur & la France.*
- *Saint Joseph* – illustré.
- *Saint Rémi, thaumaturge & apôtre des francs.*
- *Jeanne d'Arc la pucelle, sa mission royale, spirituelle & temporelle.*
- *Louis XVI, roi & martyr* – 5ᵉ édition.
- *Madame Elisabeth de France* – 3ᵉ édition.
- *Saint Pie X, sauveur de l'église & de la France* – 2ᵉ édition.
- *Charles Maurras, défenseur des vérités éternelles.*
- *La consécration du genre humain par Pie XII et celle de la France par le Maréchal Pétain au cœur immaculé de Marie. Documents et Souvenirs.*
- *Marie-Julie Jahenny : Sa vie – Ses révélations (illustré.)*

5ᵉ édition
1955
en la fête du Sacré Cœur et du Cœur Immaculé de Marie
Chez l'Auteur.
Les imprimeries Valentinoise et Jeanne d'Arc réunies.

Edition 2017
ISBN : 9798354354320

ÉDITION ORIGINALE NON CENSURÉE

Mesdames, Messieurs,

C'est un sujet particulièrement délicat et ardu que celui que j'ai à vous exposer : LE SAINT PAPE ET LE GRAND MONARQUE d'après les Prophéties. Je tiens à préciser que je ne le ferai pas en politique, mais en historien, je vous citerai simplement les textes. Loin de moi la prétention d'épuiser le sujet. J'ai pu relever plus de cent Prophéties concernant ces deux personnages à venir — mais déjà vivants quoiqu'encore inconnus. Certaines annoncent leur venue en quelques lignes, d'autres au contraire donnent des descriptions détaillées de leur règne glorieux ; quelques-unes vont même jusqu'à faire le portrait physique des Sauveurs que demain Dieu va révéler au monde en proie à l'épouvante et à la terreur, puis étonné, enfin ravi. La compilation de tous ces textes est d'autant plus difficile que, parfois, d'une part, certains voyants se trompent eux-mêmes sur la signification de leurs propres visions, ou d'autre part, que leurs dires ont parfois été plus ou moins correctement rapportés. Le Saint Curé d'Ars ne disait-il pas qu'on n'aurait pas le temps de le canoniser avant la grande crise ?

Ayant confondu la guerre de 1870 et l'instauration de la république avec les grands événements… À plus forte raison, ceux qui les commentent sont-ils exposés à errer ; du moins ai-je le devoir de vous prévenir que mes déductions — si elles sont sûres dans les grandes lignes — ne posent pas de certitudes sur les points de détail et n'ont d'autre but que de vous inciter à suivre le conseil de l'Apôtre Saint Paul :

« Éprouvez les prophéties, gardez ce qui est bon, rejetez ce qui est mauvais. »

Au surplus, les événements ne tarderont plus à se charger de nous éclairer pleinement. Il est cependant un point sur lequel nous avons une certitude : celle de la venue imminente du Saint Pape et du Grand Monarque qui sauveront le monde du désastre irrémédiable et le replaceront dans l'ordre voulu par Dieu.

I

DESCRIPTION PROPHÉTIQUE

DES TEMPS ACTUELS ET DE LA CRISE DE L'ÉGLISE

Par le vénérable Barthélemy Holzhauser

Le cinquième âge de l'Église

Avant de vous parler du Saint Pontife et du Grand Monarque, il convient de vous exposer ce qu'avaient annoncé les prophéties sur les temps que nous vivons présentement et la grande crise qui vient.

Aucun prophète n'a décrit avec plus d'exactitude ni plus de détails notre époque qu'un Vénérable, mort en 1658, Barthélemy Holzhauser. Dans son « *Interprétation de l'Apocalypse.* » écrite sous l'inspiration divine, il qualifie l'âge que nous vivons d'un mot très significatif et qui, hélas, n'est que trop réel l'Âge purgatif.

> « Ce sera un âge d'affliction, de désolation, d'humiliation — dit-il, et de pauvreté pour l'Église, pouvant être appelé avec raison un âge purgatif, car c'est dans cet âge que Jésus-Christ épurera son froment par des guerres cruelles, par des séditions, par la famine et la peste et par d'autres calamités horribles ... Les royaumes combattront contre les royaumes, et tous les États seront désolés par les dissensions intestines. Les Principautés et les Monarchies seront bouleversées ; il y aura un appauvrissement presque général et une très grande désolation dans le monde. Ces malheurs, Dieu les permettra par un très juste jugement, à cause de la mesure comble de nos péchés que nous et

nos pères aurons commis dans le temps de sa libéralité à nous attendre à la pénitence... Une très grande partie de l'Église latine abandonnera la vraie foi et tombera dans les hérésies, ne laissant en Europe qu'un petit nombre de bons catholiques... Ils abondent les hommes charnels qui, ayant abusé de la liberté de conscience, rampent après les objets de leur volupté et de leur concupiscence... ils blasphèment tout ce qu'ils ignorent, et ils se corrompent en tout ce qu'ils connaissent naturellement, comme les bêtes irraisonnables... Dans ce misérable âge de l'Église, on se relâche sur les préceptes divins et humains, et la discipline est énervée ; les saints Canons sont comptés pour rien, et les lois de l'Église ne sont pas mieux observées par le clergé que les lois civiles parmi le peuple. De là nous sommes comme des reptiles sur la terre et dans la mer... : chacun est entraîné à croire et à faire ce qu'il veut, selon l'instinct de la chair... Et comme Dieu ne peut pas nous envoyer un plus grand fléau que *celui d'aveugler son peuple* en lui *enlevant le don de la vraie foi par le moyen des faux docteurs* qu'il suscite à la place des vrais, et cela en punition de nos abominations et de nos cœurs impénitents... nous devons venir nous prosterner humblement aux pieds de Jésus-Christ et lui dire... : « *Ne me rejetez pas de devant votre face et ne retirez pas de moi votre Esprit...* »

« *Je connais tes œuvres.* » Par ces paroles Dieu reproche les œuvres de ce cinquième âge. Je connais, c'est-à-dire : tes œuvres mauvaises ne me sont pas cachées, tes œuvres fausses et hypocrites... Je connais tes œuvres : je n'ignore pas, moi qui suis le scrutateur des cœurs, qu'en général tes œuvres apparaissent bonnes extérieurement, mais qu'à l'intérieur, elles sont mauvaises et donnent la mort. C'est pour cela qu'Il dit et qu'Il ajoute : TU AS LE NOM DE VIVANT, MAIS TU ES MORT... On ne trouve ordinairement ni justice, ni équité dans les tribunaux ; mais bien l'acception des personnes et des présents, ce qui fait que les procès sont interminables. L'humilité est presque inconnue dans ce siècle... On tourne en ridicule la simplicité chrétienne, qu'on traite de folie et de bêtise, tandis que l'on regarde comme sagesse... le talent d'obscurcir par des questions insensées et par des arguments compliqués tous les axiomes de droit, les préceptes de morale, les saints Canons et les Dogmes de la religion ; de telle sorte qu'il n'y a plus aucun principe si saint, si authentique, si ancien et si certain qu'il puisse être, qui soit exempt de censures, de critiques, d'interprétations, de modifications, de délimitations et de questions de la part des hommes… On ne cultive que l'esprit et non le cœur dans l'éducation des enfants, qu'on rend désobéissants, dissolus, beaux parleurs, babillards et irréligieux… Les parents les aiment d'un amour désordonné, dissimulant leurs défauts, et ne les corrigeant pas, et ne faisant pas observer la discipline domestique… Je ne dirai rien des *ecclésiastiques* et des *religieux* ; combien ils sont *misérables* ; car beaucoup d'entre eux ont le nom de vivants, et ils sont morts… Tu as le nom de vivant, mais tu es *mort dans la fausse doctrine* ; tu es mort dans l'athéisme et le pseudo-politicisme ; tu es mort dans l'hypocrisie et la justice simulée ; tu es mort dans tes péchés occultes, dans le secret de tes abominations ; tu es mort dans les voluptés et les délices, tu es mort dans l'effronterie, la jalousie et l'orgueil ; tu es mort dans les péchés de la chair, dans l'ignorance des mystères et des choses nécessaires au salut ; tu es mort enfin dans l'irréligion et le mépris de la parole de Dieu… Dans la foi catholique, la plupart sont tièdes, ignorants, circonvenus par les hérétiques qui s'applaudissent de leur félicité, s'en réjouissent et tournent en dérision *les vrais fidèles*, qu'ils voient d'ailleurs *affligés, appauvris et désolés*. En même temps personne n'étudie plus les sciences sacrées… Sois vigilant — *Évêque* — car je ne trouve pas tes œuvres pleines devant Dieu, c'est-à-dire tu n'accomplis pas ton devoir comme tu pourrais et devrais le faire ; tu n'es pas assez vigilant et tu n'as pas assez de sollicitude pour les brebis qui te sont confiées… parce que tu as peu de soin du salut des âmes… Souviens-toi de ce que tu as reçu et de ce que tu as entendu, et garde-le, et *fais pénitence*… Car, si tu ne veilles, je viendrai à toi comme un voleur, et tu ne sauras à quelle heure je viendrai ! »

Le petit nombre resté fidèle

Telle est la description qu'Holzhauser a faite. Il ajoute :

« Mais ce cinquième âge aura un petit nombre d'hommes qui n'ont point souillé leurs vêtements. »

« Parce que tu as peu de force, et cependant tu as gardé Ma parole … Par-là (Jésus-Christ) désigne la constance et la persévérance de ses serviteurs dans son amour et dans sa foi. Car vers la fin des temps du cinquième âge, ceux-ci, ayant peu de force, s'élèveront néanmoins contre les pécheurs qui auront nié la foi à cause des biens terrestres. Ils s'élèveront aussi contre certains prêtres qui, s'étant laissé séduire par la beauté et par les attraits des femmes, voudront abandonner le célibat. Or, au temps où le démon jouira d'une liberté presque absolue et universelle, et où la plus grande tribulation sévira sur la terre, ces serviteurs fidèles, unis entre eux par les liens les plus forts, protégeront le célibat en se conservant purs au milieu du siècle. Ils passeront pour vils aux yeux des hommes, et se verront méprisés et repoussés du monde, qui les tournera en ridicule … Et cependant tu as gardé Ma parole … Les serviteurs du Christ mépriseront ces trois concupiscences : les richesses, les honneurs et les voluptés, vers la fin du cinquième âge, et ils mèneront une *vie humble*, sans rechercher les dignités ni le pouvoir. Ils seront *méprisés* et *ignorés* des grands, et ils s'en réjouiront. Ils sacrifieront leurs (biens) pour les pauvres, et pour l'édification et la propagation de l'Église Catholique qu'ils aimeront comme leur mère. Ils marcheront dans la simplicité de leur cœur en présence de Dieu et des hommes ; et c'est pour cela que leur *vie retirée* sera considérée comme une folie … Leur conversation sera conforme à la Sainteté de leur vocation. Lors donc qu'ils verront leurs semblables *apostasier et renier la foi de Jésus-Christ* à cause des richesses, des honneurs et des plaisirs, ils en gémiront dans leur cœur devant leur Dieu, et ils persévéreront dans les vrais principes de la foi catholique. C'est donc avec raison que Jésus-Christ leur adresse ces louanges :

« Et tu n'as point renié ma Foi »

« Le Sauveur Jésus-Christ, dans sa bonté, regardera d'un œil propice leur patience, leur industrie, leur constance et leur persévérance, et il les récompensera dans le sixième âge en secondant et favorisant leurs efforts dans la conversion des pécheurs et hérétiques. »

(*Op. cit.*, Liv. I ; sect. III ; chap. III ; § 2 ; de pp. 183 à 200.)

« Ils marcheront avec Moi, revêtus de blanc, parce qu'ils en sont dignes. Celui qui vaincra sera vêtu de blanc ! Celui qui vaincra le monde, la chair et le démon ; celui qui vaincra en persévérant dans la vraie foi catholique, au milieu de tant de défections, de scandales, d'afflictions des chrétiens ; celui qui vaincra les persécutions, les tribulations, les angoisses et les calamités intentées par les hérétiques et les mauvais chrétiens ; ... enfin celui qui vaincra persévérant dans la saine doctrine, par des mœurs saintes et par la sincérité de la charité, celui-là sera ainsi vêtu de blanc, c'est-à-dire sera pleinement rétribué, selon la mesure de ses souffrances ... Et Je n'effacerai point son nom du livre de vie et Je confesserai son nom devant mon Père et devant ses anges. » ...

(*Op. cit.*, t. 1, Liv. I ; sect. III ; chap. III ; de pp. 156 à 183.)

Holzhauser ajoute une description saisissante de la grande crise dans laquelle va s'écrouler le cinquième âge :

« Nous ne voyons partout que les calamités les plus déplorables ; tandis que tout est dévasté par la guerre, que *les catholiques sont opprimés par les hérétiques et les mauvais chrétiens*, que l'Église et ses ministres sont rendus tributaires, que les principautés sont bouleversées, que les Monarques sont tués, que des sujets sont rejetés, et que tous les hommes conspirent à ériger des républiques il se fait un changement étonnant par la main du Dieu Tout-Puissant, tel que personne ne peut humainement se l'imaginer ... »

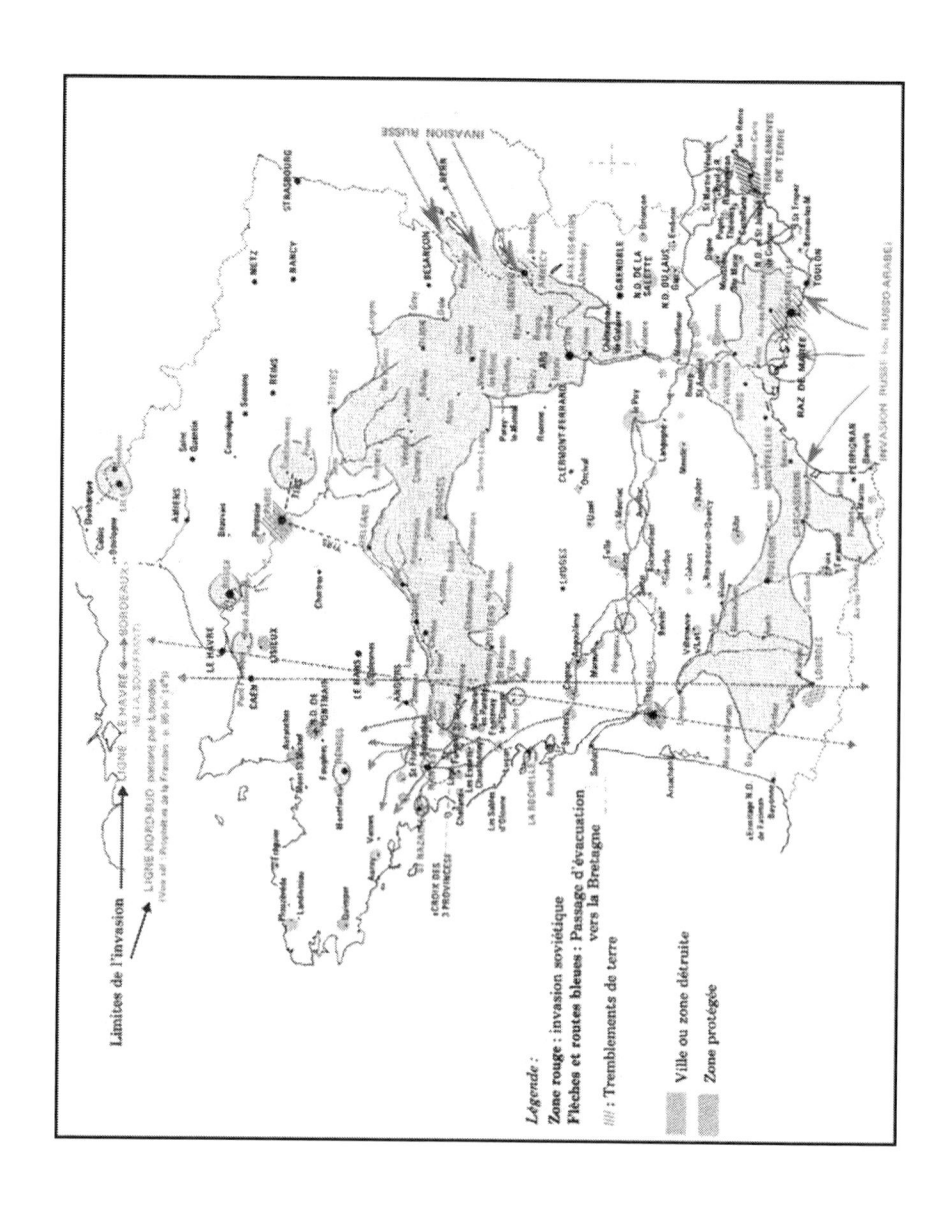

Carte d'invasion de la France

Carte réalisée par le Marquis de la Franquerie et le Général d'Armée Maxime Weygand d'après les prophéties de La Fraudais et du Père Pel.

Bannière Henri V   Armoiries de Pierre II

Bannières

«Mes enfants, *dit le Seigneur*, je vous révèle, avec toute la tendresse de mon Cœur, que je veux que mes fidèles amis puissent, sans tarder, faire broder, pour recevoir l'Exilé de la terre étrangère, une blanche bannière avec, d'un côté mon divin Cœur et, de l'autre ma très sainte Mère Immaculée, protectrice de ses enfants et Reine de France.

Mes enfants, le Roi ne résidera pas au Centre à son arrivée. Il fera, peu de temps, un séjour rapproché de la Bretagne, car le Centre sera inhabitable jusqu'au jour où la main des ouvriers se mettra à l'œuvre pour enlever les décombres, et mettre dignement en ordre les rues toutes remplies de cadavres qui auront erré, sans que personne ne les ramasse.

Mes enfants, oui, ce sera avec cette riche bannière, bénite par un illustre personnage, qu'il viendra au Sanctuaire de la Croix, revêtu d'une très haute dignité de respect et de foi. Toutes mes victimes et serviteurs prendront le chemin de la Bretagne, portant leur blanche bannière de salut, en avant d'un beau cortège, mais peu nombreux : l'escorte du Sauveur de la France».

(24 octobre 1882)

II

L'ANNONCE

du saint Pape et du Grand Monarque
dans l'ancien Testament

Genèse – Exode – Paralipomènes – David – Isaïe –
Jérémie – Ezechiel – Joël – Zacharie – Malachie

Maintenant, nous pouvons aborder les prophéties concernant le Saint Pape et le Grand Monarque.

On trouve déjà leur annonce dans l'Ancien Testament, notamment dans la *Genèse*, dans les livres des *Rois*, les *Psaumes de David* et dans les *Prophètes*.

Je vous citerai seulement quelques-uns d'entre eux :

Isaïe – (Chap. XXIV) :

> « Ceux qui resteront élèveront leurs voix et chanteront des cantiques de louanges lorsqu'ils verront que Dieu aura été glorifié. Nous avons entendu *des extrémités du monde des louanges, la gloire du juste.* »

Et chap. XXXII :

> « Voilà qu'un Roi régnera dans la justice ; alors les princes régneront dans l'équité … Mais le prince que je vous annonce aura les pensées d'un prince, il s'élèvera au-dessus des grands. »

JÉRÉMIE – (Chap. XXIII) :

> « Voilà que les jours viennent, dit le Seigneur, et JE SUSCITERAI DANS LA MAISON DE DAVID LE GERME DE LA JUSTICE ; UN ROI RÉGNERA, ET IL SERA SAGE, ET IL RENDRA LE JUGEMENT ET LA JUSTICE SUR TERRE…. » (c'est nous qui soulignons.)

ÉZECHIEL – (Chap. XXXVII) :

> « Je n'en ferai plus qu'un seul peuple sur la terre … et un seul Roi commandera à tous … un seul pasteur les conduira. »

JOËL – (II, 23) :

> « Et vous, enfants de Sion, faites éclater votre joie … à la présence du Seigneur votre Dieu, parce qu'il va vous donner un docteur de justice … »

À plusieurs reprises, ZACHARIE décrit les deux personnages :

> « L'Ange me dit : « *Que vois-tu ?* » — Je répondis : « *il y a un chandelier d'or et il y a près de lui deux oliviers, l'un à sa droite, et l'autre à sa gauche … Que signifient ces deux oliviers, les deux rameaux d'olivier qui font couler l'or dans les canaux d'or ?* — « CE SONT LES DEUX OINTS qui se tiennent devant le Seigneur de toute la terre. » (Chap. IV.)

C'est-à-dire le Saint Pontife et le Grand Roi. Il poursuit :

> « Voici un homme dont le nom est GERME … Il bâtira le Temple de l'Éternel ; il portera les insignes de la Majesté ; il s'assiéra et dominera sur son trône. Le sacrificateur, le grand Prêtre sera aussi assis sur son trône et une parfaite union régnera entre l'un et l'autre. » (*Id.* VI, 12 et 13.)

Le Pape est sacrificateur, il offre le Sacrifice de la Messe et renouvelle ainsi le Sacrifice de la Croix. Et voici le Roi :

> « Il annoncera la paix aux nations et il dominera d'une mer à l'autre, depuis le fleuve jusqu'aux extrémités de la terre. » (*Id.* IX, 10.)

De son côté, le prophète MALACHIE précise :

> « Soudain entrera dans son temple le Seigneur que vous cherchez et le Message de l'Alliance que vous désirez, voici, il vient. Qui pourra soutenir le jour de sa venue ? Qui restera debout quand il paraîtra ? Car il sera comme le feu du fondeur, comme

la potasse des foulons. Il s'assiéra, fondra et purifiera l'argent : il purifiera les fils de Lévi (je vous rappelle que les fils de Lévi sont les membres du clergé), il les épurera comme on épure l'or et l'argent, et ils présenteront à l'Éternel des offrandes avec justice. Alors l'offrande sera agréable à l'Éternel, comme aux anciens jours, comme aux années d'autrefois. » (III, 1 à 4.)

Serait-ce que la nouvelle Messe de Bugnini et de sa maffia ne serait pas agréable à Dieu ? Faudrait-il rapprocher de ce texte celui du prophète Daniel. (VIII, 10 à 12 et 17) :

« La bête s'éleva jusqu'à la puissance du ciel, et elle fit tomber des étoiles ; et elle les foula aux pieds. »

« Elle s'éleva jusqu'au prince de la force (c'est-à-dire le chef suprême qui décide et commande) et enleva par lui le Sacrifice perpétuel, et renversa le lieu de son sanctuaire. — La puissance lui fut donnée contre le sacrifice perpétuel à cause des péchés, et la vérité sera renversée sur la terre et la bête agira et elle réussira. — La vision s'accomplira au Temps de la fin. »

Ne serait-ce pas l'heure de sa réalisation ?

Mais revenons au prophète *Malachie*, qui poursuit :

« Car voici, le jour vient, ardent comme une fournaise. Tous les hautains et tous les méchants seront comme du chaume ; le jour qui vient les embrasera, dit l'Éternel des Armées, et il ne leur laissera ni racine, ni rameau. Mais, pour vous qui craignez mon Nom, se lèvera LE SOLEIL DE LA JUSTICE ET LA GUÉRISON SOUS SES AILES. » (*Id.* IV, 1 et 2.)

DANS LE NOUVEAU TESTAMENT : APOCALYPSE DE SAINT JEAN — LE VÉNÉRABLE BARTHÉLEMY HOLZHAUSER SUR LE SIXIÈME ÂGE DE L'ÉGLISE : LA DESTRUCTION DE TOUTES LES RÉPUBLIQUES, INCARNATION DE LUCIFER — LE GRAND TRIOMPHE DE L'ÉGLISE PAR LES RÈGNES DU SAINT PAPE ET DU GRAND MONARQUE.

Dans l'APOCALYPSE DE SAINT JEAN, la grande crise et les règnes du Saint Pape et du Grand Roi sont décrits avec une précision admirable. N'oublions pas que le Saint Pape et le Grand Monarque devant être des images du Christ, certains passages de la prophétie s'appliquent à la fois à Notre-Seigneur et au Grand Roi.

Citons ce passage :

> « Puis, je vis le Ciel ouvert, et voici, parut un cheval blanc. Celui qui le montait s'appelle Fidèle et Véritable, et il juge et combat avec justice. Ses yeux étaient comme une flamme de feu ; sur sa tête étaient PLUSIEURS DIADÈMES (la tiare est une triple couronne) ; il avait un NOM ÉCRIT QUE PERSONNE NE CONNAÎT, SI CE N'EST LUI-MÊME ; et IL ÉTAIT REVÊTU D'UN VÊTEMENT DE SANG. » (Personne que lui ne connaît en effet son vrai nom puisqu'il serait descendant de Louis XVII et vit sous un nom qui n'est pas le sien ; et descendant du Roi et de la Reine Martyrs, il est bien revêtu d'un vêtement de sang…)
>
> « Son nom est la parole de Dieu. Les armées qui sont dans le Ciel le suivaient sur des chevaux blancs. (Cela se conçoit très bien puisque les légions angéliques et saintes vont descendre sur terre pour assurer la victoire de Dieu et de la Chrétienté)… De sa bouche sortait une épée aiguë pour frapper les nations (sans doute le Grand Roi que le Saint Pontife doit désigner) ; il les paîtra avec une verge de fer, et il foulera la cuve du vin de l'ardente colère du Dieu Tout-Puissant. Il avait sur son vêtement et sur sa cuisse un nom écrit : Roi des Rois et Seigneur des Seigneurs… Et je vis la bête, et les rois de la terre, et leurs armées rassemblées pour faire la guerre à Celui qui était assis sur le cheval et à son armée (le Pape monte à cheval assis et non à califourchon.)
>
> « Et la bête fut prise, et avec elle le faux prophète (l'Antipape ou l'antéchrist ?) Ils furent tous deux jetés vivants dans l'étang de feu et de soufre. Et les autres furent tués par l'épée qui sortait de la bouche de celui qui était assis sur le cheval ; et tous les oiseaux se rassasièrent de leur chair.
>
> « Puis, je vis descendre du ciel un Ange qui avait la clé de l'abîme et une grande chaîne dans la main. Il saisit le dragon, le serpent ancien qui est le diable ou Satan, et il le lia pour mille ans. Il le jeta dans l'abîme, ferma et scella l'entrée au-dessus de lui, afin qu'il ne séduisît plus les nations jusqu'à ce que les mille ans fussent accomplis. »
>
> « Et je vis des trônes ; et à ceux qui s'y assirent fut donné le pouvoir de juger. » (*Apoc.* XIX, 11 à 21 ; et XX, 1 à 4.)

La Reine du Ciel confirme Saint Jean, dans son Message de la Salette :

> « Au premier coup de son épée foudroyante, les montagnes et la nature entière trembleront d'épouvante, parce que les désordres et les crimes des hommes percent la voûte des cieux. Paris sera brûlé et Marseille engloutie ; plusieurs grandes villes seront ébranlées et englouties par des tremblements de terre ; on croira tout perdu ; on ne verra qu'homicides, on n'entendra que bruits d'armes et de blasphèmes. Les justes souffriront beaucoup ; leurs prières, leurs pénitences et leurs larmes monteront jusqu'au Ciel, et tout le peuple de Dieu demandera pardon et miséricorde et demandera mon aide et mon intercession. Alors Jésus-Christ, par un acte de Sa Justice et de Sa grande Miséricorde pour les justes, COMMANDERA À SES ANGES QUE TOUS SES ENNEMIS SOIENT MIS À MORT. Tout à coup les persécuteurs de Jésus-Christ et tous les hommes adonnés au péché périront, et la terre deviendra comme un désert. Alors se fera la paix, la réconciliation de Dieu avec les hommes : Jésus-Christ sera servi, adoré et glorifié ; la charité fleurira partout. Les nouveaux Rois seront le bras droit de la Sainte Église, qui sera forte, humble, pieuse, pauvre, zélée et imitatrice des vertus de Jésus-Christ. L'Évangile sera prêché partout, et les hommes feront de grands progrès dans la foi, parce qu'il y aura unité parmi les ouvriers de Jésus-Christ, et que les hommes vivront dans la crainte de Dieu. »

Mais revenons à « *l'Interprétation de l'Apocalypse* » inspirée par Dieu au Vénérable Holzhauser.

Que dit-il ?

> « Le sixième âge de l'Église commencera avec le Monarque puissant et le Pontife saint et durera jusqu'à l'apparition de l'Antéchrist. Cet âge sera un âge de consolation (*consolativus*), dans lequel Dieu consolera son Église sainte de l'affliction et des grandes tribulations qu'elle aura endurées dans le cinquième âge. Toutes les nations seront rendues à l'unité de la foi catholique. Le sacerdoce fleurira plus que jamais, et les hommes chercheront le royaume de Dieu et sa justice en toute sollicitude. Le Seigneur donnera à l'Église de bons pasteurs. Les hommes vivront en

paix, chacun dans sa vigne et dans son champ. Cette paix leur sera accordée parce qu'ils se seront réconciliés avec Dieu même. Ils vivront à l'ombre des ailes du Monarque puissant et de ses successeurs… Ainsi, dans le sixième âge, Dieu réjouira son Église par la prospérité la plus grande… Car ce Monarque Puissant, qui viendra comme envoyé de Dieu, DÉTRUIRA LES RÉPUBLIQUES DE FONT EN COMBLE ; il soumettra tout à son pouvoir et emploiera son zèle pour **la vraie Église du Christ**. Toutes les hérésies seront reléguées en enfer. L'Empire des Turcs sera brisé, et ce Monarque régnera en ORIENT et en OCCIDENT. Toutes les nations viendront et adoreront le Seigneur leur Dieu dans la vraie foi catholique et romaine. Beaucoup de saints et de docteurs fleuriront sur la terre. Les hommes aimeront le jugement et la justice. La paix régnera dans tout l'univers, parce que la puissance divine liera Satan… jusqu'à ce que vienne le fils de perdition, qui le déliera de nouveau. C'est aussi à ce sixième âge, qu'en raison de la similitude de sa perfection se rapporte le sixième jour de la création, lorsque Dieu fit l'homme à sa ressemblance et lui soumit toutes les créatures du monde pour en être le seigneur et le maître. Or, c'est ainsi que dominera ce Monarque sur toutes les bêtes de la terre ; c'est-à-dire sur les nations barbares, sur les peuples rebelles, sur les républiques hérétiques, et sur tous les hommes qui seront dominés par leurs mauvaises passions. C'est encore à ce sixième âge que se rapporte le sixième esprit du Seigneur, savoir : l'Esprit de sagesse, que Dieu répandra en abondance sur toute la surface du globe, en ce temps-là. Car les hommes craindront le Seigneur leur Dieu, ils observeront sa loi et le serviront de tout leur cœur. Les sciences seront multipliées et parfaites sur la terre. La Sainte Écriture sera comprise unanimement, sans controverse et sans erreur des hérésies. Les hommes seront éclairés, tant dans les sciences naturelles que dans les sciences célestes… ce sixième âge signifie amour du frère en gardant l'héritage, dans l'union avec le Seigneur. Or tous ces caractères conviennent parfaitement à ce sixième âge, dans lequel il y aura amour, concorde et paix parfaite, et dans lequel le Monarque puissant pourra considérer presque le monde entier comme son héritage. Il délivrera la terre, avec l'aide du Seigneur son Dieu, de tous ses ennemis, de ruines et de tout mal…

> « (L'Église de Jésus-Christ) sera particulièrement SAINTE et VRAIE dans le sixième âge. Elle sera SAINTE, parce que les hommes marcheront alors de tout leur cœur dans les voies du Seigneur, et qu'ils chercheront le royaume de Dieu en toute sollicitude. L'Église sera VRAIE, parce qu'après que toutes les sectes auront été reléguées en enfer, elle sera reconnue pour vraie sur toute la surface de la terre… JE CONNAIS TES ŒUVRES. Ces paroles sont une louange générale des œuvres du sixième âge, comme elles exprimaient plus haut un blâme sur les œuvres du cinquième. JE CONNAIS TES ŒUVRES, qui sont toutes saintes, bonnes, parfaites et pleines de charité…
>
> « J'AI OUVERT UNE PORTE DEVANT TOI, QUE PERSONNE NE PEUT FERMER, PARCE QUE TU AS PEU DE FORCE ; ET CEPENDANT TU AS GARDÉ MA PAROLE, ET TU N'AS POINT RENONCÉ À MON NOM. »

Ces paroles sont pleines de consolation ; elles décrivent la félicité à venir du sixième âge, félicité qui consistera :

> « 1° Dans l'interprétation vraie, claire et unanime de la Sainte Écriture. Car alors les ténèbres des erreurs et les fausses doctrines des hérétiques, qui ne sont pas autre chose que la doctrine des démons, seront dissipées et disparaîtront. Les fidèles du Christ, répandus sur toute la surface du globe, seront attachés à l'Église de cœur et d'esprit, dans l'unité de la foi et dans l'observance des bonnes mœurs. Voilà pourquoi il est dit : « J'AI OUVERT UNE PORTE DEVANT TOI, c'est-à-dire, l'intelligence claire et profonde de la Sainte Écriture [1]. QUE PERSONNE NE PEUT FERMER, voulant dire, qu'aucun hérétique ne pourra plus pervertir le sens de la parole de Dieu, parce que dans ce sixième âge, il y aura

---

1. Il semble que Dieu pose ses jalons et prépare ainsi le futur Concile : Un savant français, Fernand Crombette, décédé il y a quelques années, en étudiant la Bible, a été amené à commencer à la retraduire à l'aide du copte. Cette langue primitive lui a ainsi permis d'éclaircir les parties restées obscures dans le Livre Sacré. Il a ainsi publié deux études fort intéressantes : « *La Genèse* » et « *La Révélation de la Révélation.* » On peut se les procurer aux Éditions du Ceshe. 3, place du Palais à Tournai – Belgique.

Voir également « *Le Trésor secret d'Ishraël* » par Gaston Bardet, chez Laffont à Paris (1970) réédité en 1978 chez Maloine, et H. Brahy : « *Le Prophète Elie et la véritable chronologie de la Bible* » publié en 1962, en Belgique à Grivegnée.

un Concile Œcuménique, le plus grand qui ait jamais eu lieu, (il ne s'agit évidemment pas de Vatican II) dans lequel par une faveur particulière de Dieu, par la puissance du Monarque annoncé, par l'autorité du Saint Pontife et par l'unité des princes les plus pieux, toutes les hérésies et l'athéisme seront proscrits et bannis de la terre. On y déclarera le sens légitime de la Sainte Écriture, qui sera crue et admise par tout le monde, parce que Dieu aura ouvert la porte de sa grâce. »

« 2° Cette félicité consistera dans un nombre immense de fidèles ; car en ce temps-là, tous les peuples et les nations afflueront vers une seule bergerie, et y entreront par la seule porte de la vraie foi. C'est ainsi que s'accomplira la prophétie de Saint Jean (X, 16) :

« Il y aura un seul pasteur et un seul bercail. » (Tome I, pp. 183 à 195.)

Je me suis très étendu sur cette « *Interprétation de l'Apocalypse* » du Vénérable Holzhauser parce que d'une part elle est directement inspirée de Dieu, et, d'autre part, ce document, traduit au siècle dernier par le Chanoine de WUILLERET est aujourd'hui quasi introuvable. Or, il est la clé des événements que nous vivons.

Ainsi, l'auteur inspiré nous délimite exactement le 6e âge depuis l'apparition du GRAND MONARQUE jusqu'à celle de l'ANTÉCHRIST. Il nous donne en même temps l'explication de cet âge de sainteté et de prospérité spirituelle : Satan-Lucifer, l'ennemi de l'homme par excellence, sera enchaîné, et le régime de son choix, la démocratie, sera partout détruit.

Bartholomäus Holzhauser (geb. 1613, † 1658).

Vénérable Barthélemi Holzhauser

Comme il ne termina pas son ouvrage, et n'interpréta l'*Apocalypse* que jusqu'au quinzième chapitre, ses prêtres lui en demandèrent la raison : il leur répondit qu'il ne se sentait plus inspiré, et qu'il ne pouvait pas continuer. *(Il parait que Dieu, pour des raisons particulières, voulait réserver le restant de ses secrets à une autre époque.)* Puis il ajouta que quelqu'un s'occuperait plus tard de son ouvrage et le couronnerait.

Les prophètes

Isaïe, Jérèmie, Ezechiel, Daniel, David, Joël

Le prophète Malachie (détail d'une mosaïque de la Basilique de Lourdes.)

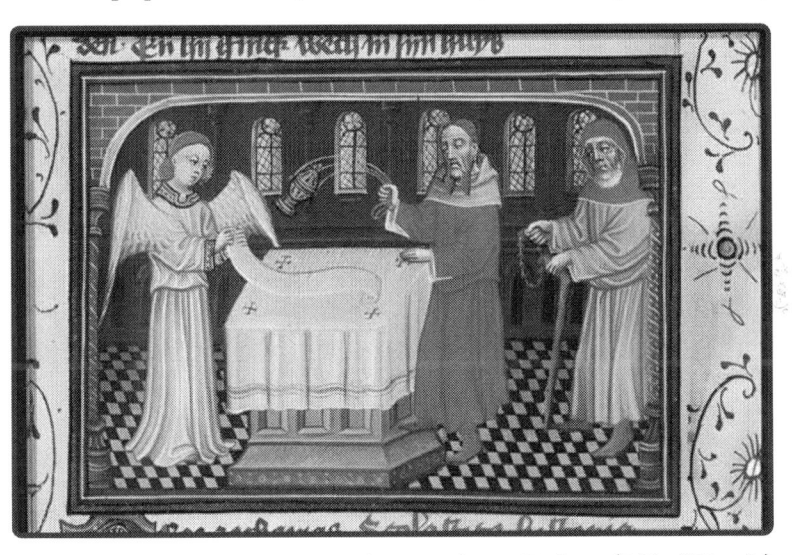

L'annonce faîtes à Zacharie (Bible d'Utrech.)

Les prophètes

Malachie, Zacharie

III

LE GRAND MONARQUE,
ROI CACHÉ DESCENDANT DE LOUIS XVII

Maintenant, nous allons pouvoir vous parler avec plus de précisions du Saint Pape et du Grand Monarque.

Qui seront donc le Saint Pape et le Grand Monarque ?

Commençons plus spécialement par le Grand Monarque : Incontestablement, il est de la Maison de France, car toutes les prophéties l'assurent. Quelle branche de la Maison Royale aura l'honneur de donner le plus grand de tous les Rois ?

Deux prophéties disent qu'il descendra de Pépin : celle de saint Vincent Ferrier et celle de Merlin Joachim. Remarquons que tous les Carolingiens et tous les Capétiens descendent saliquement de Pépin.

Nombreuses le disent descendant de la Cape (c'est-à-dire des Capétiens) : celles de Mayence, d'Orval, de Marianne Galtier (de Sainte-Affrique) et celle de plusieurs âmes privilégiées contemporaines ; deux affirment qu'il descend de Saint Louis : la Mère du Bourg et une âme victime de notre époque : la bienheureuse Catherine de Rocconigi assure qu'il sera de la postérité de François Ier et sera exalté à l'égal de Charlemagne (les deux filles de ce roi qui ont eu postérité ont épousé, l'une Philippe II, Roi d'Espagne et l'autre Charles III de Lorraine : les différentes branches de la Maison de France descendent du vainqueur de Marignan par mariages avec des princesses de ces deux maisons).

Saint François de Paule écrit à Louis XI :

> « De votre postérité, il sortira un rejeton qui sera comme le soleil entre les astres... Il détruira les hérésies, abolira les tyrannies sur la terre, obtiendra la principauté sur l'univers... Il n'y aura plus qu'un seul troupeau et un seul pasteur. »

Enfin, j'ai relevé seize prophéties sérieuses, contemporaines, qui affirment que le Grand Monarque descendra de Louis XVII : le Père Nectou — mort bien avant la révolution de 1789 — le Paysan de Gallardon, l'Abbé Souffrand en 1821, la petite Marie des Terreaux à Lyon, Sœur Marianne des Ursulines de Blois, la Sœur Trappistine de Notre-Dame-des-Gardes en Anjou, les deux bergers de la Salette, Mélanie Calvat et Maximin Giraud, Marie-Françoise Decotterd en Suisse, Mère Saint-Dominique à Paris, Marie-Joseph Lavadoux, Marie-Julie Jahenny la stigmatisée de la Fraudais en Bretagne, une religieuse de Lyon et trois âmes contemporaines dont on ne peut présentement encore citer les noms. D'autres le laissent supposer puisqu'elles parlent du « *rameau coupé* » à qui échoira l'honneur de donner le Grand Monarque.

LE ROI CACHÉ

Au surplus, que nous importe puisque douze prophéties au moins parlent du Roi caché : la voyante de Bordeaux ; Marianne Galtier de Sainte-Affrique ; l'Abbé Mattay, en Bretagne ; Madame de Meylian, fondatrice des Religieuses de l'Immaculée Conception à Rome ; Marie-Julie Jahenny et plusieurs âmes privilégiées vivant encore actuellement. Remarquons que les communications célestes qui affirment que le Grand Monarque est connu de Dieu seul et fait pénitence au désert sont pour la plupart modernes ; l'une d'entre elles va même jusqu'à dire :

> « Inutile de chercher à connaître celui choisi par Dieu. Dieu le cache et Il saura bien le produire à son heure. »

Le Sacré-Cœur a dit à Marie-Julie :

« Je veux récompenser l'attente et la confiance de celui qui attend tout de Moi et rien des hommes. Sa bannière blanche sera plantée sur la France et ses ennemis seront forcés de vivre sous sa dépendance. »

Et Saint Michel ajoutait à la pieuse stigmatisée :

« Je suis l'Ange des grandes nouvelles, je suis l'Ange porteur des secrets de l'Éternel. Laissez les hommes de la terre chercher leurs couronnes, leurs sceptres. Celui qui doit la porter est encore caché dans le secret de l'Éternel. Celui-là est le VRAI, le véritable Envoyé de Dieu. Je viens vous apporter cette glorieuse et bonne nouvelle du salut… Mais pour l'autre côté, je porte une nouvelle terrible, je porte aux pécheurs la vengeance du Tout-Puissant ; je viens planter la croix au milieu de vous, âmes fidèles, mais avec elle, j'apporte LE SECRET DU ROI qui doit tous vous sauver. Au milieu d'innombrables merveilles, j'apporte LE NOM que le Divin Roi du Ciel a choisi Lui-même pour vous sauver tous… »

Ajouterai-je que Marie-Julie m'a dit :

« Personne ne connaîtra le Roi. Il est le Roi caché et Dieu ne veut pas qu'on le connaisse avant l'heure de sa Providence, car s'il était connu, les francs-maçons, les républicains ou certains prétendants essaieraient de le faire disparaître. »

Contentons-nous donc de ces indications et ne cherchons pas à sonder davantage les secrets de Dieu. Ajoutons cependant deux détails qui ont leur importance : la Prophétie de PRÉMOL nous dit que le Coq (c'est-à-dire un d'Orléans) chantera la gloire du Grand Monarque, c'est donc bien que ce n'est pas un membre de cette branche qui régnera. Marie-Julie nous l'a personnellement confirmé.

Le « *Donné de Dieu* » dit une prophétie ; le « *Prince Dieu-Donné* » dit la Mère du Bourg ; « *Je l'ai choisi* » dit le Sacré-Cœur ; « *choisi par Nous* » dit la Sainte Vierge…

Quelle confirmation du principe de la Monarchie de CHOIX DIVIN… donc de DROIT DIVIN !

Portrait Physique

Si notre devoir — ainsi que nous venons de le voir — nous interdit de chercher à connaître le Roi, du moins pouvons-nous rechercher ce qui est dit de Lui dans les Prophéties : deux précisent qu'il est né dans le malheur (Nostradamus et la Religieuse de Belley) ; six autres donnent quelques indications sur son portrait physique : front haut, sourcils marqués, yeux longs, nez aquilin (Saint Catalde et une autre), etc. Enfin, Saint Jean l'Évangéliste, écrit dans l'Apocalypse :

> « Je regardai, et voilà une nuée blanche, et sur la nuée, assis quelqu'un SEMBLABLE AU FILS DE L'HOMME, ayant sur sa tête une couronne d'or et en sa main une faux tranchante... et celui qui était assis sur la nuée jeta sa faux sur la terre et la terre fut moissonnée. » (Ch. XIV, 14.)

Ainsi le Grand Monarque sera une image aussi parfaite que possible du Christ ; et le Vénérable Holzhauser, commentant ce passage, écrit :

> « Celui que Saint Jean vit assis sur la nuée blanche, c'est le Grand Monarque. Son règne désigné par le mot « assis » sera un règne saint et stable appuyé sur la protection du Tout-Puissant. Ce Monarque est appelé semblable au Fils de l'Homme à cause de ses grandes vertus par lesquelles il imitera le Sauveur Jésus-Christ. Il aura sur la tête une couronne d'or. C'est-à-dire qu'il sera un Grand Monarque, riche et puissant, le dominateur des dominateurs. Il vaincra les rois des nations et sera plein de la charité de Dieu. »

Caractère et Vertus du Roi

Complétons ces traits du caractère et des vertus du Grand Monarque par les indications suivantes que donnent plus de douze prophéties :

- D'une insigne piété envers Dieu (saint Ange) ; un Roi modèle, chrétien, religieux, plein de bonté, de justice dit la Mère du Bourg ; débonnaire (Catherine Filljung) ;

- Grande est sa sévérité, car il abolira toute musique dansante et tous riches atours (champs des Bouleaux) ;
- « Comme l'époux est uni à l'épouse, ainsi la justice lui sera associée » (David Pareus) ;
- Il « sera très humble et il marchera dès l'enfance dans la simplicité de son cœur » (vénérable Holzhauser) ;
- Il vit dans la crainte de Dieu (Joseph N... d'Alsace) ;
- D'une grande piété et d'une grande sagesse (Abbé Mattay) ;
- C'est l'homme de Dieu, le sage, l'invincible, il comptera les entreprises par ses victoires (Mayence) ;
- D'une puissance et d'une bonté souveraines (Nostradamus) ;
- Il sera doux, sage et sévère (Notre Seigneur à une religieuse, en 1816) ;
- D'une pureté irréprochable, il n'aura en vue que la gloire de Dieu.

Intelligence du Roi

Sœur Catherine Filljung dit que le Sacré-Cœur et la Sainte Vierge lui donneront toutes les qualités requises pour régner. La Mère du Bourg :

> « Dieu donnera au Roi lumières, sagesse et puissance et « l'a préparé depuis longtemps et l'a fait passer « au creuset de l'épreuve » ; avec beaucoup de justesse, une âme victime contemporaine répond à ceux qui — en présence du trouble général et de la gravité irrémédiable de la situation actuelle — demandent si le Monarque aura les qualités intellectuelles à la hauteur des circonstances tragiques de l'heure : « L'intelligence humaine la plus grande serait-elle capable de réparer le désordre qui règne partout ?.... Celui que Dieu a CHOISI n'aura pas besoin de tant de science et d'expérience. L'amour de Dieu suppléera à tout ; il sera guidé par la grâce de Dieu. Le Sacré-Cœur et saint Michel lui feront connaître ce qu'il devra faire pour accomplir les desseins de Dieu. »

Résumons-nous, Messieurs, le Grand Monarque, je le répète, sera au physique comme au moral une image aussi parfaite que possible du Christ.

La mission du Grand Monarque

La mission du Grand Monarque consistera essentiellement dans l'établissement des Règnes du Sacré-Cœur et du Cœur Immaculé de Marie, des deux Cœurs unis, comme l'annonce Jeanne-Louise Ramonet à Kerizinen. Pour l'accomplir, il sera d'ABORD et AVANT TOUT ROI DE FRANCE, et seulement ensuite et — si je puis m'exprimer ainsi — accessoirement EMPEREUR DU MONDE. C'est qu'en effet le gouvernement du monde ne lui sera confié que PARCE QU'IL SERA LE ROI DE FRANCE, la France étant le Royaume prédestiné par Dieu à l'accomplissement de Ses desseins et à servir d'épée et de bouclier à l'Église. C'est donc en vertu de la Mission du Roi et de son Peuple que le Saint Pontife conférera l'Empire au Grand Monarque. C'est alors que le Règne du Sacré-Cœur sur le monde sera établi par le ROI. Remarquez-le bien, et j'insiste sur ce point car il est capital, le rôle du Saint Pontife sera sans aucun doute très grand, très consolant et efficace, mais C'EST AU ROI et non au Pape que le Christ a confié la Mission d'assurer le triomphe de Son Sacré-Cœur. Les prophéties ne parlent pas du Pontife du Sacré-Cœur mais du ROI DU SACRÉ-CŒUR.

Quand paraîtra le Grand Monarque ?

Il est très difficile de répondre avec certitude à cette question. C'est qu'en effet, il est des prophéties qui disent que le Sauveur ne sera pas le Grand Monarque mais le précédera ; la RELIGIEUSE DE BELLEY écrit :

> « Il ne fera que passer, sa gloire est courte, il est né dans le malheur … L'Enfant de l'exil lui succède. La paix sera alors donnée à la France, mais la fin des temps ne sera pas éloignée … »

MARIANNE GALTIER, de Sainte-Affrique, dit à son tour, ce que d'autres prophéties semblent indiquer sans qu'on puisse cependant l'affirmer qu'il ne régnera qu'un an et ensuite passera la main.

Par contre le Vénérable Holzhauser, l'Abbé Mattay, l'Abbé Voclin et d'autres assurent que le règne du Grand Monarque sera TRÈS LONG. Remarquez qu'il n'y aurait rien de contradictoire dans ces prophéties, elles se compléteraient plutôt, si vraiment le Sauveur n'est pas le Grand Monarque, que ce serait ce dernier qui lui succéderait. Il en est même qui pensent que le Saint Pape pourrait être le Sauveur qui passerait la main à son Cousin le Grand Monarque…

Quand paraîtra-t-il ?

Madame de Meylian (avant 1848) précise après deux événements :

> « La chute du traître et l'annonce des vrais descendants du lys par des voix étouffées. » Il semblerait donc que nous n'en soyons pas éloignés, la chute du plus grand traître de l'histoire de France est récente en effet… Le Grand Monarque arrivera au moment où la révolution et l'invasion étrangère rendront la France tellement impuissante que le salut de notre malheureux Pays sera humainement impossible : au moment aussi où l'Église se débattra également dans les soubresauts de l'agonie, la mort (vraisemblablement tragique) du Pape régnant alors entraînant un Conclave dont la Russie soviétique, l'Allemagne et l'Italie profiteraient pour susciter un ou plusieurs antipapes. Le désordre sera à son comble et l'anarchie maîtresse du monde. Quand l'univers sera plié sous le joug de Lucifer déchaîné, qu'aucune lueur d'espoir n'apparaîtra et qu'il deviendra évident au monde, plongé dans l'épouvante que SEUL Dieu peut tout sauver par un miracle sans précédent dans le cours de l'Histoire ; alors Notre-Seigneur suscitera le Grand Monarque à qui SEUL Il donnera le pouvoir d'arrêter les fléaux multiples qui auront décimé les habitants de la terre elle-même.

Quelques prophéties annonçant le Saint Pape et le Grand Monarque

Je vous cite maintenant quelques prophéties qui, au cours des âges, annoncent le Saint Pape et le Grand Monarque :

Dans les Catacombes romaines, on a relevé celle-ci, dite Prophétie Émilienne :

« …Arrivera d'Occident le Roi de grand renom qui doit détruire l'Empire des Turcs. En ce temps-là, malheur à l'Italie ; trois armées fondront sur elle : l'une venant de l'Orient, l'autre du Nord, l'autre d'Occident. Il y aura une telle effusion de sang que l'Italie n'en aura jamais vu de pareille depuis le commencement du monde. Le Grand Pontife sera ramené par le Grand Monarque. Toutes les vertus refleuriront dans l'Église de Dieu, surtout dans le sacerdoce… »

Saint Césaire, Archevêque d'Arles, au VIe siècle :

« Après avoir posé son siège dans la ville pontificale (sans doute Avignon) le Roi relèvera la tiare royale sur la tête d'un Saint Pontife abreuvé par l'amertume des tribulations, qui obligera le clergé à vivre selon la discipline des âges apostoliques. Tous deux unis de cœur et d'âme, ils feront triompher LA REFORMATION DU MONDE. O ! Très douce paix ! Vos fruits se développeront JUSQU'À LA FIN DES SIÈCLES. »

Saint François de Paule, au XVe siècle :

« Dans tout l'univers, il n'y aura plus qu'un grand Pontife et qu'un Grand Roi. »

« L'Empire du Roi durera jusqu'à la fin des temps. Il n'y aura plus alors que douze Rois, un Empereur et un Pape, et un petit nombre de princes, et tous seront des saints… de telle sorte qu'il n'y aura plus qu'un troupeau et un pasteur et que le monde entier sera ramené aux saintes mœurs. »

Le père Nectou, au XVIIIe siècle avait annoncé que l'Enfant du Temple ne périrait pas et que sa postérité assurerait le triomphe de l'Église *« TEL QU'IL N'Y EN AURA JAMAIS EU DE SEMBLABLE. »* Le Saint Pape vraisemblablement, ainsi que le Grand Monarque et ses successeurs, faisant partie de cette postérité.

Louis XVI, le Roi Martyr, dans une apparition consignée dans le dossier constitué en vue de sa Cause de Canonisation, disait :

« Plusieurs se sont assis sur mon trône et y ont trouvé leur perte. Tout ce qui aura survécu s'assemblera un jour autour de la place où mon sang a coulé (la Place de la Concorde à Paris) ; au milieu d'eux paraîtra celui qu'on croit mort à cause du vêtement et de la nuée qui le couvrent. C'est lui qui doit tenir mon sceptre en sa main ; il est l'aîné après moi. »

Au XIXe siècle : Anne-Catherine Emmerich voit les bons, les blancs, perdus ; puis, tout à coup, l'Archange Saint Michel descend dans l'arène au côté des blancs. « *Michel, en personne, pourfendit les ennemis, et ce fut à l'instant une déroute générale.* » Elle ajoute que plus cela allait et plus les ennemis des blancs passaient de leur côté.

L'abbé Souffrand, en 1821, annonce la révolution et l'invasion russe, le retour sur le trône de la descendance de Louis XVII, puis la conversion de la Russie, celle des hérétiques et des infidèles ; il ajoute au sujet de l'Angleterre :

> « Murée dans son égoïsme, elle connaîtra une révolution des plus sanglantes ; la reine, celle qui aura couché dans le lit de Marie-Antoinette, aura le même sort que cette Reine. Celle qui régnera sera épargnée ainsi que ses enfants ; elle sera obligée de demander aide au Roi de France et elle se fera catholique, suivie de son peuple. L'Angleterre aura tout perdu ou presque tout… Ces choses arriveront quand on se parlera et qu'on ira d'un bout à l'autre de la terre [2]… »

La petite Marie des Terreaux :

> « La légitimité sera reconnue… Il se fera un troisième miracle qui étonnera tout l'Univers et mettra fin à la révolution : un bras de fer surgira miraculeusement, armé d'une grande puissance *pour venger les outrages faits à Dieu et à la Royauté*… »

Marie Lataste, Religieuse du Sacré-Cœur, sous le règne de Louis-Philippe, et au sujet de ce roi usurpateur, reçoit les doléances de Notre-Seigneur :

> « La France brise le trône de ses Rois, exile, rappelle, exile encore ses Monarques, souffle sur eux le vent des tempêtes révolutionnaires.

---

2. Voir *L'Illustration* de juillet 1938, n° 4978bis, n° spécial « *Les Souverains Britanniques en France.* » page 6. On donne en couleur des vues des appartements que vont occuper le Roi George VI et la Reine Elisabeth au Ministère des Affaires Étrangères, à Paris. En haut, la chambre de la Reine, avec la mention suivante : « *Au 1ᵉʳ étage, la chambre de S. M. la Reine Elisabeth avec les meubles de style Louis XVI et* le lit de Marie-Antoinette. » C'est nous qui soulignons.

Je lui ai suscité des rois, Elle en a choisi d'autres à son gré. » (Ainsi nos rois étaient donc bien voulus par Dieu !) N'a-t-elle pas vu, ne voit-elle pas que je me sers de sa volonté pour la punir ?... Quelquefois, un vieil arbre est coupé dans une forêt ; il n'en reste plus que le tronc ; mais un rejeton pousse au printemps. Il devient lui-même un arbre magnifique, l'honneur de la forêt. »

« À bout de sang et de rage, les partis politiques ne pouvant s'entendre, recourront d'un commun accord à la médiation du Saint Siège. Sa Sainteté nommera Elle-même un Roi très Chrétien pour gouverner la France... »

Madame de Meylian, Fondatrice des Religieuses de l'Immaculée Conception :

« *La France sera toujours en révolution tant que son Roi légitime ne la gouvernera pas... Grande erreur des légitimistes à regarder comme Roi tout autre que Louis XVII et sa descendance...* »

Et elle ajoute que le nombre des légitimistes sera tellement petit qu'ils pourraient tenir dans une chambre de vingt-cinq pieds carrés.

Le saint curé d'Ars :

« Après l'incendie de Paris, les bons triompheront lorsqu'on annoncera le retour du Roi. Celui-ci rétablira une paix et une prospérité sans égale ; la religion fleurira plus que jamais. »

Mélanie Calvat, la Bergère de la Salette :

« C'est Lucifer qui gouverne la France... Dieu nous donnera un Roi caché auquel on ne pensera pas, et Il nous le donnera après les fléaux. Dieu seul le lui donnera.

« Je n'ai jamais annoncé le retour des d'Orléans et je croirais un châtiment de Dieu sur la France s'ils remontaient sur le trône... Il n'y aura qu'un seul troupeau. Le Pape Saint avec le Roi Très Chrétien ne feront qu'un dans la foi. Le grand triomphe de l'Église se verra sous le Pasteur Angélique avec l'Ange terrestre de la Survivance du Roi Martyr. »

Maximin Giraud, le Berger de la Salette avait reçu ordre de la Sainte Vierge de révéler la Survivance de Louis XVII et de sa descendance au Comte de Chambord. Il se rendit donc à Frohsdorf. À ce moment, le secrétaire du Prince était le Comte de Vanssay qui a rédigé pour sa famille — dont je tiens la copie du document — le compte rendu de l'entretien :

> « Je vis que le Comte de Chambord était ému et parla longuement et avec beaucoup de bonté au jeune voyant. Quand Maximin quitta la pièce, tout ému, le Prince se tourna vers moi : « Maintenant j'ai la certitude que mon cousin louis XVII existe. Je ne monterai donc pas sur le trône de France. Mais dieu veut que nous gardions le secret. C'est lui seul qui se réserve de rétablir la royauté. »

Et le Comte de Vanssay ajoute pour ses neveux et petits-neveux :

> « Surtout qu'ils gardent l'espérance qu'un jour Dieu ramènera sur le trône de France le descendant du Lys à la tête coupée et que notre chère Patrie redevenue la fille aînée de l'Église retrouvera sa grandeur et sa gloire. »

Madame Royer et saint Jean Bosco annoncent le Grand Roi et ce dernier l'appelle « la main irrésistible du Seigneur. »

Marie Martel, à Tilly-sur-Seulles, reçoit cette radieuse promesse de la Sainte Vierge :

> « La république tombera, c'est le règne de Satan. Priez, mes enfants, pour le Roi qui va venir. »

La sœur Catherine Filljung, religieuse dominicaine à Biding, en Lorraine, voyait une in prodigieuse au déluge de maux dont la France serait accablée :

> « Au moment où la France épuisée, envahie, réduite à l'impuissance serait sur le point de disparaître comme nation, alors paraîtrait le Roi et il n'y aurait plus que des victoires ; les étrangers seront chassés de France et entièrement défaits ; très peu rentreront dans leur pays. »

Jeanne Louise Ramonet, à Kerizinen, annonce l'invasion soviétique, puis le salut par le Roi dont la mission sera de faire établir dans le monde le culte des deux Cœurs Unis.

Ajouterai-je qu'il est intéressant de constater que :

> « Tous les peuples de l'Orient, sans exception, ceux de l'Extrême Asie, comme ceux de l'Asie Centrale et de l'Afrique, Abyssiniens, Turcs, Arabes, Syriens, Indiens, Cochinchinois, ont des traditions depuis les temps les plus reculés parfaitement conformes à celles de l'Occident [3]. »

Citons quelques-unes de ces traditions :

> « Damas doit revoir des massacres qui porteront l'épouvante jusqu'à Beyrouth. Les Chrétiens se réuniront sur le Mont Liban. Un Grand Roi des Fleurs de Lys sera leur défenseur ; il viendra à leur secours avec de grandes armées ; il se livrera un grand combat entre Alep et Jérusalem où le roi d'Égypte et les (84.000) musulmans seront anéantis... **La Mecque sera détruite et l'Islamisme anéanti.** »

Une autre :

> « Un jour La Mecque, Médine et autres villes de l'Arabie heureuse seront détruites et les cendres de Mahomet seront dispersées aux quatre vents du ciel. Ce sera un Grand Roi Chrétien, né dans un pays de l'Europe, qui réalisera ces merveilles et prendra possession de l'Orient. »

Et encore :

> « Les chrétiens traverseront la mer, dans un élan spontané, avec tant de rapidité et de troupes que l'on croira que toute la terre chrétienne vole en Orient. La Foi du Christ triomphera ; les Turcs l'embrasseront et la croyance à Mahomet cessera. »

> « Une tradition constante dit que le Grand Roi entrera à Jérusalem par la Porte Dorée. Aussi cette porte a-t-elle été murée par les Musulmans. »

---

3. On peut consulter sur ce point : « *Prophéties des Mahométans* » par Domenechi, à Florence, en 1548 ; « *Prophéties Abyssiniennes* » dans tome V, « *Annales de la Propagation de la Foi* », p. 20 ; « *Mémoire d'un voyage en Orient* » par Eugène Borée ; « *Prophétie grecque* » apportée au Sultan et citée par Bruseni dans sa 7ᵉ édition, à Turin ; « *Dissertation sur la religion de Mahomet* » par Doellinger, p. 146 ; « *El Djeffer (l'Énigme)* » contient une série d'oracles arabo-syriens depuis le XIVᵉ siècle, etc.

Saint Grégoire d'Arménie écrit :

> « Il viendra une nation vaillante, celle des Francs, tout le monde se réunira à elle et l'Asie se convertira. »

Eugène Borée écrit :

> « L'Orient est dans l'attente : les traditions lui ont appris qu'un Grand Roi de France serait tout à la fois son vainqueur et son Sauveur. » (« *Mémoire d'un voyage en Orient.* » II, p. 30.)

L'Illustration

On donne en couleur des vues des appartements que vont occuper le Roi George VI et la Reine Elisabeth au Ministère des Affaires Étrangères, à Paris. En haut, la chambre de la Reine, avec la mention suivante :
« *Au 1ᵉʳ étage, la chambre de S. M. la Reine Elisabeth avec les meubles de style Louis XVI et le lit de Marie-Antoinette.* »

Juillet 1938, n° 4978bis
N° spécial « *Les Souverains Britanniques en France.* » page 6.

Saint Grégoire d'Arménie

Saint Jean-Marie Vianney,
le curé d'Ars

Anne-Catherine Emmerich

Père Charles Auguste Lazare Nectou

Les prophètes

Saint Grégoire d'Arménie ; Saint Jean-Marie Vianney,
le curé d'Ars ; Anne-Catherine Emmerich ;
Père Charles Auguste Lazare Nectou.

Louis XI aux pieds de Saint François de Paule

Nicolas-Louis-François Gosse (1787, Paris – 1878, Soncourt)

Les principaux membres de l'entourage du roi de France, avec de gauche à droite :
- Lord Crawford, en armure, le chef des archers de la garde écossaise.
- Galeotti, vêtu de rouge, l'astrologue de Louis XI.
- François de Paule, vêtu de sa bure.
- Jacques Coictier (1430-1506), debout derrière Louis XI, médecin à partir de 1466 du roi, sur lequel sa grande influence lui permit d'acquérir une fortune colossale.
- Anne de Beaujeu, duchesse de Bourbon (1461-1522), la fille de Louis XI et de Charlotte de Savoie ; elle assure la régence de 1483 à 1491.
- Le Dauphin, futur Charles VIII (1470-1498), alors âgé de 13 ans.
- Olivier Le Daim (1428-1484), un flamand né Olivier de Neckere ; d'abord simple valet de chambre du roi, celui-ci l'anoblit (Comte de Meulan), le nomme capitaine de la prison royale du château de Loches ; conseiller devenu très puissant, on l'accuse de nombreuses exactions, vols, meurtres… (d'où son surnom de « Le Mauvais »), qui lui valent d'être pendu au gibet de Montfaucon peu de temps après la mort du roi.
- Tristan L'Hermite, grand prévôt, militaire et exécuteur des hautes œuvres du roi ; il forme avec Olivier Le Daim un tandem de l'ombre redoutable. La date présumée de sa mort, 1479, avec une naissance aux alentours de 1410, présente une incohérence historique avec la description de la composition ; en 1483, il n'est en principe plus de ce monde, et s'il l'était, il aurait plus de 70 ans, la physionomie du personnage à l'extrême droite étant beaucoup plus jeune.

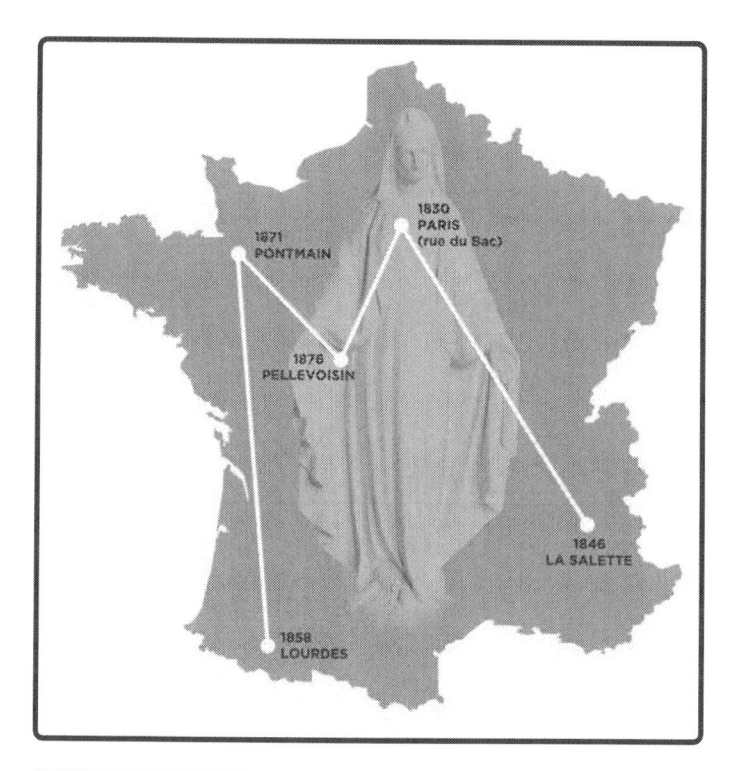

LES VISIONS DE MARIE-JULIE JAHENNY

« Jésus annonce :
– Mon Cœur est ouvert, il le serait bien d'avantage, si on priait et si on demandait le roi, vous ne l'avez pas assez réclamé. »

IV

Le Saint Pape

Voyons maintenant ce qui est dit plus spécialement du Saint Pontife

Le Baron de Novaye dans « Demain » son excellente étude sur les prophéties, écrit :

> « Il est sûr que la France donnera au monde un Grand Roi et un Grand Pape qui dépasseront les Monarques et les Pontifes des plus beaux siècles. »

Il ajoute :

> « Les cinquante ou soixante prophéties qui annoncent à la France le Roi des Lys, de la postérité de Pépin, de la septième succession des Capétiens, sorti d'un rameau stérile depuis longtemps, descendant de Louis XVII, s'appliquent vraisemblablement également au Saint Pape qui pourrait descendre lui aussi de Louis XVII ; l'avènement du Grand Pape Grégoire XVII, français de naissance, ses réformes ramèneront l'Église à la pratique initiale de l'Évangile, et son zèle la dilatera jusqu'aux confins de la terre. »

Et, commentant la prophétie de Saint Thomas d'Aquin, Novaye écrit :

> « L'Ange du Testament s'appellera Grégoire XVII ou le Pape Angélique. Sous son règne les hérétiques et les schismatiques retourneront en foule au bercail de l'Église Romaine. »

> « Une des premières Encycliques du Grand Pape Grégoire XVII exposera magistralement L'UNITÉ DE L'ÉGLISE (Novaye souligne Unité de l'Église) et cette Encyclique contribuera beaucoup à planter dans le Levant la vraie vigne du Seigneur et à hâter le retour des Églises Orientales. » (Pp. 10, 13, 69 notes 2 et 3.)

Ajoutons que ce Grégoire XVII, le vrai, n'a rien à voir avec le concurrent, nommé cardinal par le faux Clément XV (qui est mort), et qui a surgi au Canada ; supercheries lucifériennes.

Nous avons vu que les prophéties de l'Ancien Testament comme du Nouveau s'appliquent à nos deux personnages. Je n'y reviens donc pas.

LES PROPHÉTIES L'ANNONÇANT

SAINT ANGE, martyr Carme en 1125, ayant demandé à Notre Seigneur quand Jérusalem serait délivrée des Musulmans reçoit cette réponse :

> « Un Roi s'élèvera finalement de l'antique race des Rois de France, d'une insigne piété envers Dieu … sa puissance s'étendra au loin sur terre et sur mer.
>
> « Alors l'Église étant comme retirée d'une certaine destruction (à cause du schisme qui suivra la fuite et la mort du Pape et le conclave qui s'en suivra) ce Roi s'unira au (nouveau) Pontife romain et le soutiendra. »
>
> « L'erreur sera détruite parmi les chrétiens.
>
> « L'Église sera rendue à l'état que les bons ont choisi pour elle.
>
> « Il enverra une armée à laquelle s'uniront spontanément de nombreux guerriers, s'élançant au combat pour l'amour de mon nom ; et l'amour de la Croix qui les transportera leur obtiendra des trophées dont l'éclat s'élèvera jusqu'au ciel. »
>
> « Le Monarque équipant bientôt une flotte, passera les mers, et rendra à l'Église les contrées perdues. Il délivrera Jérusalem. »

LE BIENHEUREUX AMADIO, au XIIe siècle :

> « Dieu se choisira un homme selon son cœur et le chargera de paître le troupeau de son peuple. Et cet homme enseignera à toutes les nations le divin vouloir de son Seigneur qu'il aimera de tout

son cœur. Sa miraculeuse élection remplira d'admiration et d'étonnement les brebis. Tous les rois viendront à lui... »

« Mais il y aura des hommes qui lui seront opposés et deviendront ses ennemis. Alors Dieu fera baisser leur tête et les abattra, afin qu'à l'Orient et à l'Occident tous sachent que la main de ce même Dieu a fait cet ouvrage. Toutes les nations infidèles se convertiront à la vraie Foi et obéiront à ce Pasteur comme à leur père, et lui et ses successeurs pendant longtemps les gouverneront dans la crainte de Dieu. Tous les hommes ne formeront plus qu'un seul troupeau sous un seul Pasteur.

« Cet homme prédestiné observera les Canons et les anciennes coutumes des Pères de l'Église, il extirpera les mauvaises, fera obéir aux bonnes et les établira solidement.

« Il aura bien plus le soin des âmes et des intérêts spirituels que celui des temporels. Il ne s'occupera de l'argent qu'autant qu'il le faudra pour les besoins de l'Église, des orphelins, des veuves et des autres pauvres. »

Ajoutons que ce texte a été remis par le bienheureux lui-même au Vatican pour éclairer les Papes sur l'avenir.

En une autre circonstance il ajoute :

« Le Pasteur que Dieu aime et choisit entrera au temps marqué dans le temple ; il purgera et réformera l'Église et tous admireront et seront stupéfaits... il imitera le Seigneur en réalité par la parole et l'exemple... il enseignera tous les secrets qui sont encore cachés sur la création des Anges [4], sur Dieu et sur l'Univers.

---

4. Depuis la fin du siècle dernier et actuellement, plusieurs manifestations surnaturelles ont révélé des choses très importantes sur les Légions Angéliques et les Anges : 1° Mechtilde Thaller (née von Schonwerth) à Munich, puis à Ratisbonne. Friedrich von Lama a publié une étude la concernant : « *Les Anges* » (Éditions Christiana à Stein am Rhein, Suisse). Mechtilde Thaller, dite Madeleine de la Croix, naquit le 30 mars 1868 et mourut le 30 novembre 1919. 2° Présentement, Gabrielle Bitterlich, à Insbrück, en Autriche, jouit de lumières extraordinaires sur le même sujet. « *Rome sera renouvelée en ces jours et présidera au monde entier.* » « *Avec ce Grand Pasteur surgira le Grand Roi... Les siècles finiront, la primitive unité sera rétablie, tous les membres dépendront du même chef et toutes les bergeries particulières feront partie de l'unique bercail du Christ.* »

Saint Malachie [5], Archevêque d'Armagh, † 1148, complété par le Moine de Padoue, son commentateur :

> « Pastor Angelicus : Grégoire XVII, pasteur Angélique, tu es le Pasteur Angélique de Rome, … salut Grégoire XVII, Père très Saint, Pasteur nécessaire … »

Saint Méthode, évêque et martyr sous Dioclétien, après avoir annoncé que les Musulmans (les Turcs), « ces impies » … se glorifient d'avoir désolé la Perse, la Syrie, la Cappadoce, l'Isaurie, l'Afrique, etc., ajoute :

> « Lorsqu'on y pense le moins, il s'élève un Roi des Romains, qui porte heureusement les armes contre ces orgueilleuses multitudes. La valeur et le jugement se trouvent partout avec lui, triomphant de toute leur gloire. Son Fils le seconde avec de glorieux succès dans la Terre Sainte. La joie de ces infidèles se change en pleurs et en gémissements … L'Arménie, l'Isaurie, la Cilicie, l'Afrique, la Grèce et toutes les autres terres usurpées sur les fidèles, leur sont glorieusement restituées. L'Égypte est désolée, l'Arabie brûlée et les villes maritimes pacifiées … Il s'ensuit une paix admirable, et telle qu'elle n'a jamais été vue … »

Werdin, Abbé d'Otrante (1279) :

> (À l'ouverture du sixième sceau) « Lorsque sur la chaire de Pierre brillera une étoile éclatante, élue contre l'attente des hommes,

---

5. Dans le Journal belge « *La Meuse – La Lanterne* » du 30 mars 1971 sur deux pages, quatre g et cinq g, Victor Dehin a publié une remarquable étude sous le titre : « *Un document passionnant sur l'Histoire de l'Église : La Prophétie de Saint Malachie n'annonce pas la fin du monde mais la réunion des chrétiens de bonne volonté autour du successeur de Pierre.* » « L'auteur aurait publié un ouvrage sur la question ; nous n'avons pu nous le procurer. Il semblerait ressortir que contrairement à ce que pensent la plupart des commentateurs, Jean-Paul II serait le dernier Pape du temps des nations et que son Successeur et le Grand Monarque assureraient le grand triomphe de l'Église qui se perpétuerait sous leurs successeurs. Telle est du moins ce que nous pensons et souhaitons. Précisons que depuis Benoît XV inclus, les devises et leur ordre ne correspondent plus, ce qui laisserait supposer qu'il a dû y avoir une interpolation dans les copies. Un exemple : on a voulu attribuer à Benoît XV la devise qui concernait Paul VI, alors que « *Paolo Sexto* » est nommément désigné …

au sein d'une grande lutte électorale, étoile dont la splendeur illuminera l'Église Universelle, le tombeau qui renfermera mon corps sera ouvert. Le bon Pasteur gardé par les Anges, réparera bien des choses… Alors un gracieux jeune homme de la postérité de Pépin, se trouvant en pays étranger, viendra pour contempler la gloire de ce Pasteur. Lequel Pasteur placera d'une manière admirable ce jeune homme sur le Trône de France jusque-là vacant. Il le couronnera et l'appellera lui-même en aide dans son propre gouvernement. Après un petit nombre d'années, cette étoile s'éteindra et le deuil sera général… »

Le frère Jean de Roquetaillade, † 1245 :

« Dieu suscitera un Pape d'une vie si sainte que les anges eux-mêmes en seront dans l'admiration. Éclairé d'En-Haut, il réformera le sacerdoce, le rappellera à la vie des Apôtres, il transformera presque le monde entier par sa sainteté et ramènera tout le monde à la vraie Foi. Partout régneront la crainte de Dieu, la vertu, les bonnes mœurs. Il ramènera au bercail toutes les brebis égarées et il n'y aura plus sur la terre qu'une seule Foi, une Loi, un Baptême, une même vie. Tous les hommes s'entraîneront et feront le bien, et il n'y aura plus de dissensions ni de guerres. »

Sainte Hildegarde, au XIIe siècle :

« Quand la société aura été enfin complètement purifiée par ces tribulations, les hommes… se rangeront sous les lois de l'Église.
« À ce moment de rénovation, la justice et la paix seront rétablies par des décrets si nouveaux et si peu attendus que les peuples ravis d'admiration, confesseront hautement que rien de semblable ne s'était vu jusque-là. »

Saint Thomas d'Aquin, au XIIIe siècle :

« Ils rassembleront les Saints de Dieu pour qu'ils choisissent l'Ange du testament qui doit convertir au Seigneur les cœurs pervertis et dissidents. C'est alors que fleurira le Prince DU NOUVEAU NOM à qui TOUS LES PEUPLES SE SOUMETTRONT et à qui la couronne orientale sera donnée en garde…. » C'est-à-dire que le Grand Monarque sera Empereur d'Orient et d'Occident, image pour indiquer qu'il sera l'Empereur du Monde, devenu chrétien.

SAINT VINCENT FERRIER, au XVe siècle :

« Le Pape mourra au milieu de cette affliction et le Saint Siège, à cause de ces malheurs, sera vacant... Ensuite sera suscité le Pasteur Angélique. Ce Saint Pontife couronnera un Roi de France en lui décernant le titre d'Empereur. »

« Le Pape Angélique, avec ce Roi de France, réformera l'Église ; beaucoup de chrétiens abandonneront leurs biens et tous les Ordres religieux étant supprimés, il fondera UN SEUL ORDRE RELIGIEUX qui l'emportera sur tous ceux qui l'auront précédé. Dans cet Ordre, tous les pontifes entreront (c'est-à-dire que le clergé séculier sera en fait supprimé), et l'on en choisira douze en mémoire des douze Apôtres, qui iront, dans l'éclat de leur sainteté, prêcher l'Évangile par toute la terre et ils convertiront tout le monde à la religion du Christ et aussi les Juifs. »

(Suit la septième et dernière Croisade entreprise par le Saint Pape et le Grand Monarque.)

« Le Seigneur donnera alors sa grâce aux Infidèles qui se convertiront à la Foi catholique. Le Roi de France, ce nouvel Empereur, à son retour de Jérusalem, interdira partout l'usage des armes, et la Paix et la tranquillité régneront dans le monde entier qui marchera dans les sentiers de la justice. Le clergé surtout imitera la vie des Apôtres. Tout le monde sera soumis au Pontife Romain... Ce Saint et Angélique Pasteur sera gardé sur son Trône par les Anges... Il rétablira toutes choses, il **réprimera l'orgueil des clercs** et tout prospérera sous ses ordres parce que le divin Médecin, Jésus-Christ appliquera le remède aux blessures... Au commencement de son Pontificat ce Pape habitera la France... »

« Le Saint Siège, à cause de ces malheurs sera vacant pendant une année. Ensuite, sera suscité le Pasteur Angélique. Ce Saint Pontife couronnera un Roi de France en lui décernant le titre d'Empereur. »

« Après que ce Pontife aura régné six ans et demi et gouverné le monde avec une grande sainteté, il rendra son âme à Dieu trois ans après son retour de Jérusalem. »

Sainte Catherine de Sienne (en 1380) :

« Dieu purifiera la Sainte Église … par un moyen qui échappe à toute prévision humaine, et il y aura… une réforme si parfaite de la Sainte Eglise de Dieu, et un si heureux renouvellement des saints pasteurs qu'en y pensant mon esprit tressaille dans le Seigneur. Les nations étrangères à l'Église … se convertiront au véritable Pasteur. »

La Prophétie de Plaisance :

« Bientôt un oiseau gigantesque surgira comme du sommeil ; redoutable par le bec et l'ongle … il dévorera les entrailles iniques du dragon (la révolution satanique). Il jettera à terre les couleurs gauloises (le drapeau tricolore). Il rétablira les rois dans leurs propres possessions.

« Il y aura un Pasteur, homme juste et équitable, né dans la terre de Galatie (la Gaule ou France). La concorde surgira dans le monde entier ; il n'y aura plus qu'une seule Foi. Un seul Prince régnera sur toutes choses. »

Le bienheureux Bernard de Bustis, au XVe siècle :

« … Il se produira un schisme au sein de l'Église de Dieu à l'occasion de l'élection du Pape, parce qu'il s'en créera plusieurs. Dans ce nombre, il y en aura un qu'il fera nommer (le chef des Soviets ?), mais ce ne sera pas le vrai pape. Il en viendra à persécuter le vrai Pape et tous ceux qui lui obéiront, de telle sorte que la majorité (les 5/6) se déclarera plutôt pour l'antipape que pour le vrai pontife.

« L'Église Romaine sera également délivrée des mains de ce chef (des Soviets ?) pour le bras d'un autre Roi très chrétien qui viendra au secours de cette même Église … Après bien des périls et des épreuves, il finira par remporter la victoire.

« Le Pape Angélique qui siégera alors posera sur la tête de ce Roi la couronne Impériale. Et, unis ensemble, ils réformeront l'Église du Christ ramenée à l'état de l'ancienne pauvreté évangélique. En même temps que douze cardinaux, qui en deviendront les colonnes (des Apôtres des derniers temps), seront appelés à prêcher cet état en donnant eux-mêmes, ainsi que d'autres hommes tous parfaits, l'exemple de la vie évangélique. »

La prophétie de Limoges :

« Lequel bon Pape de Rome, natif de France, sera élu miraculeusement et fera une grande et merveilleuse justice sur les mauvais et infidèles chrétiens, miraculeusement réformera l'Église, la réduira et retournera au premier état comme elle fut commencée. Et à Rome jamais plus n'y aura Pape de France. Et après qu'il aura tenu son bon Concile, il commencera à faire guerre mortelle aux mécréants de la loi et foi de Notre-Seigneur Jésus-Christ et les convertira le plus qu'il pourra … et miraculeusement le dit Saint Père de Rome délivrera la Sainte Cité et terre de Jérusalem des mains des mécréants. Et après, toutes les terres du monde. Et alors sera accomplie la sainte parole et prophétie de Jésus-Christ : *« J'ai d'autres brebis qui ne sont pas de cette bergerie, et il faut les appeler, elles entendront ma voix et il n'y aura qu'un seul bercail et un seul Pasteur. »*

Saint François de Paule, † 1507 :

« Dans tout l'univers, il n'y aura plus qu'un grand Pontife et qu'un Grand Roi. L'Empire du Roi durera jusqu'à la fin des temps. Il n'y aura plus alors que douze rois, un Empereur et un Pape, et un petit nombre de Princes, et tous seront des saints … de telle sorte qu'il n'y aura plus qu'un troupeau et un Pasteur et que le monde entier sera ramené aux saintes mœurs. »

Bienheureuse Catherine de Racconigi, † 1547 :

« Il n'y aura pas de Concile complet ou parfait avant le temps où viendra ce Saint Pontife que l'on attend pour la rénovation future de la Sainte Église. »

Nostradamus (ou Michel de Notre Dame), † 1566 :

« Dans sa « *Lettre à Henry Second* » il parle du « Grand Vicaire de la Cape » annonçant un Pape Capétien. Il y revient dans la Centurie V-78 : « On bénira la Barque et la Cape. »

Et encore (*Cent.* I-25.) :

« Perdu mais enfin retrouvé, caché qu'il était resté pendant un siècle, si long, le Sang du Pape sera honoré comme celui d'un demi-Dieu. »

Et encore (*Cent.* CI-7.) :

> « Le Chef Romain sera découvert issu du sang français. » Ce qui implique que lors de son élection (ou plutôt de sa désignation miraculeuse) l'origine du Saint Pape ne sera pas connue, et donc que le nom sous lequel il aura été connu auparavant ne sera pas le vrai, le Sien.
>
> « Du Vatican, le Sang Royal tiendra. » (*Cent.*, VI-12.)
>
> « L'An que les Frères du Lys seront en l'âge, l'Un d'eux tiendra la grande Romanie. » (*Cent.*, V-50.)

Et il montre que les deux personnages, le Grand Roi et le Saint Pape, sont très proches parents, tous deux issus de Louis XVII :

> « Au vrai rameau des Fleurs de Lys issus. » (*Cent.*, V-39.)
>
> « Ce ne sera pas un personnage de l'Espagne, mais de la très vieille France qui sera élu comme pilote de l'Église secouée par la tempête ! » (*Cent.*, V-49.)
>
> « Lorsque chargé de dix-sept barres de noblesse viendra tard ; au bord du Rhône, le messager de la Providence. » (*Cent.*, V-71.)

Sans doute aussi est-ce pour indiquer qu'il descendra de Louis XVII.

Et le Sixain 15 annonce :

> « On verra le nouveau Pape porter des armoiries pareilles à celles de l'heureux Roi de Bourbon. » (Le Grand Monarque : les trois fleurs de Lys soutenues par les Anges.)

Et il termine par cette vue prophétique du règne de ce Saint Pape de la race des rois de France (*Cent.*, X-42.) :

> « Celui qui sera d'origine Angélique, fera de la paix et de l'union le but de son pontificat. La guerre ne sera qu'à demi-prisonnière de sa barrière (au début du règne), mais il finira par imposer pour longtemps la paix entre les hommes. »

LA VÉNÉRABLE ESPRITE DE JÉSUS † 1658 :

> « Un jour il n'y aura qu'un pasteur et une bergerie et tout genou fléchira devant Jésus-Christ. »

RODOLPHE GILTIER en 1675 :

> « Un nouveau Pasteur de la Foi, appelé du rivage par un signe

céleste, viendra dans la simplicité du cœur et la science du Christ. » « Et la paix sera rendue au monde. »

La Prophétie d'Orval :

« Lors un seul Pasteur sera vu dans la Celte-Gaule. » (avec le Grand Monarque), et elle annonce la résurrection de l'Église.

La prophétie de Prémol, 1795 : Elle prédit la destruction de Rome, la fuite du Pape, un antipape, puis :

« Et je vis un homme d'une figure resplendissante comme la face des anges monter sur les ruines de Sion ; une lumière descendit du Ciel sur sa tête comme autrefois les langues de feu sur les Apôtres. Et les enfants de Sion se prosternèrent à ses pieds, et il les bénit. Et il appela les Samaritains et les Gentils et ils se convertirent tous à sa voix. »

« Le Grand Roi vint aussi sur les ruines de Sion et il mit sa main dans la main du Pontife et ils appelèrent tous les peuples qui accoururent et ils leur dirent : « Vous ne serez heureux et forts qu'unis dans un même amour. » Et une voix sortie du Ciel au milieu des éclairs et du tonnerre disait : « Voici ceux que j'ai choisis pour mettre la paix entre l'Archange et le dragon et qui doivent renouveler la face de la terre. Ils sont Mon verbe (le Pape) et mon bras (le Roi). Et c'est Mon esprit qui les garde. » Et je vis des choses merveilleuses. »

Le père Nectou, en 1760 :

« Le triomphe de l'Église sera tel qu'il n'y en aura jamais eu de semblable. »

Le père Ricci, Général des Jésuites, † 1775 :

« Le Grand Monarque s'entourera d'hommes distingués dans l'Église par leur sagesse et leur sainteté ; et, de concert avec le Pontife Saint il fondra de nouvelles lois et de nouvelles constitutions ; Il enchaînera l'esprit de vertige… Partout il n'y aura qu'un seul troupeau et un seul Pasteur et le monde et tous les hommes jouiront de la paix dans l'adoration de Dieu. »

La stigmatisée Hélène Walraff † 1801 :

« Dieu fera de grands miracles en ces temps. La vie commune sera introduite parmi le clergé et prescrite en toute rigueur. Les emplois et les charges seront donnés à qui les aura mérités. Les casernes seront transformées en couvents et l'entrée en religion sera gratuite... Alors reviendra l'âge d'or des prêtres. Tous les états de la Société seront de nouveau vivifiés par la crainte de Dieu. La justice et la paix régneront sur la terre. Un Prince, demeuré jusque-là inaperçu et dont la maison aura beaucoup souffert du malheur des temps, apportera cette paix à la terre. »

Une Religieuse, en 1816 :

« Le Roi fort marchera avec le Pape saint... Ce n'est qu'à eux qu'il sera donné de rétablir les affaires de l'Église. Le nouveau Pape sera un Grand Personnage et d'une grande sainteté. »

L'Abbé Souffrand, en 1821 :

« En ce temps-là, un Moine qui aura la paix dans son nom et dans son cœur sera en prière ; il aura la même mission que Jeanne d'Arc... (Ce Moine sera le Saint Pape, il ne sera pas cardinal quand Dieu miraculeusement le fera monter sur le siège de Pierre), chassé de toutes parts (sans doute par l'invasion russe et les faux papes) il viendra se réfugier dans son séminaire dans l'Ouest de la France, et le Grand Roy que Dieu nous réserve, descendant du Roi Martyr... Ils auront beaucoup de difficultés près de certains prélats. Après la crise, il y aura un Concile général, malgré quelques oppositions faites par le clergé même. »

La Religieuse de Notre-Dame-des-Gardes en Anjou, vers 1828 :

« Elle voyait deux personnages... « Je vis la Colombe... venir se reposer sur la tête (du pape) lequel mit la main sur la tête de celui qui était à genoux (le grand Roi) et, alors, la Colombe (Le Saint Esprit) vint aussi se reposer sur la tête de celui-ci... puis retourne sur l'autre... Le chant continuait toujours. Il disait « Gloire à Dieu dans les Cieux et paix sur la terre ! Vive la religion dans tous les cœurs ! Vive le Pape ! Vive le Grand Monarque ! Le soutien de la Religion ! »

Anna Maria Taigi, † 1837 :

> « Après les ténèbres, Saint Pierre et Saint Paul descendront des cieux, prêcheront dans tout l'univers et désigneront le Pape ; une grande lumière jaillissant de leurs personnes, ira se déposer sur le … futur Pape. Saint Michel, paraissant alors sur terre … tiendra le démon enchaîné jusqu'à l'époque de l'antéchrist. » … Le Saint Pape aura à la fin le don des miracles.

Elisabeth Canori Mora dit la même chose.

Madame de Meylian, en 1848 (Fondatrice et supérieure des Religieuses de l'Immaculée Conception, à Rome) :

> « Le Grand Monarque mettra sa main dans la main du Grand Pontife et le Grand Pontife oindra la tête du Grand Monarque de l'Huile Sainte. Il marquera son étendard d'un signe sacré (le Sacré-Cœur) et le levant avec l'Église, il volera de conquête en conquête ; les conversions s'étendront par tout l'univers et le Très Haut sera connu par tous les peuples. Qu'il sera beau ce triomphe … »

Une autre, en 1869 dit :

> « Le Grand Pape et le Grand Monarque deviennent les délices de l'humanité. »

La religieuse de Tours (extatique), en 1873 :

> « C'est alors, à la fin de nos maux, qu'il viendra ce Sauveur que Dieu garde à la France, ce Roi dont on ne veut pas maintenant parce qu'il est selon le Cœur de Dieu. C'est lui qui montera sur le Trône, délivrera l'Église et rétablira le Pape dans ses droits. Le Concile recommencera après le triomphe … Il n'y aura qu'un troupeau et un pasteur. »

Berguille, la voyante de Fontet, en 1875 :

> « Le Roi est promis ainsi que le Pontife. Oh ! Saint Michel montre le chemin ! Quand le roi pieux délivrera le Saint Père, Il combattra avec ses forces qui sont les saints Anges et Archanges, venant délivrer la Sainte Église. »

La sœur Madeleine Porsat, en 1843 :

> « Pierre aie confiance ! l'Arche (c'est-à-dire l'Église) sort de la tempête … C'est un grand miracle. Marie vient du Ciel. Elle vient

avec une légion d'anges. Ce pauvre Satan, il croit avoir tout lié contre Dieu et il n'a point lié Marie … Elle va lui écraser la tête sous son talon. »

Une Révélation, vers 1865 :

« Le nouveau Pape sera Français … Il ne sera pas cardinal ; ce sera un religieux qui aura été persécuté par son Ordre. Il aura la fermeté de Sixte Quint, moins la dureté. »

La sœur Catherine Filljung, † 1915 :

« Au cours des événements il se fera une élection pontificale ; mais après que le nouveau pape aura été régulièrement élu, les Allemands et les Italiens (et sans doute aussi les soviétiques) en susciteront un autre et l'on reverra ce scandale sans exemple depuis le Moyen Âge, le siège de Pierre disputé au Pontife légitime par un antipape … entre les deux papes, il sera très facile de reconnaître le vrai : les bons chrétiens ne pourront s'y tromper. »

Une âme victime morte, en 1918 :

« Lucifer dirige la Franc-maçonnerie qui se cache sous les plis du drapeau tricolore, mais elle tombera au moment où elle comptera remporter la Victoire. Lucifer et ses légions infernales seront précipités dans les abîmes de l'enfer. Il y aura un schisme. L'Église sera divisée. Il y aura un Judas qui trahira l'Église. Il faut prier pour mes prêtres. Il y en aura qui se sépareront de l'Église. D'autres hostiles au surnaturel et à la voix de Dieu seront obligés de se convertir ; car, après, le surnaturel va éclater. Il n'y aura plus que cela … »

Les drapeaux sacrés de la France

Marie-Julie Jahenny
12 février 1850 – †4 mars 1941 à Blain (Bretagne)

Le 6 janvier 1873, pendant la grand'messe, Marie-Julie se sentit extrêmement fatiguée. Le médecin hésite : cancer de l'estomac ou tumeur scrofuleuse… Le 15 février, il la déclare perdue, elle reçoit l'Extrême-Onction.

Le 22 février on attend son dernier soupir, elle perd connaissance, puis, revenant à elle : « Ne pleurez pas, dit-elle, je ne mourrai pas, j'ai vu la Sainte Vierge qui m'a annoncé ma guérison pour le 2 mai à trois heures du soir ». La Sainte Vierge était vêtue de blanc et s'appuyait sur une grande croix blanche, elle lui annonce des souffrances et lui promet de revenir.

Le 15 mars, la Sainte Vierge lui demande avec douceur si elle veut accepter les plaies de son Fils, et aussi de souffrir le reste de sa vie pour la conversion des pécheurs ? « Oui ma Bonne Mère, si mon Jésus le désire, je me soumets à sa Volonté. — Ma chère enfant, ce sera ta mission. » Marie promet de revenir le jour des Saintes Plaies avec son cher Fils.

V

Les visions de Marie-Julie Jahenny

> « *Jésus annonce : – Mon Cœur est ouvert, il le serait bien d'avantage, si on priait et si on demandait le roi, vous ne l'avez pas assez réclamé.* »

Nous terminerons notre étude par les visions de Marie-Julie Jahenny, de la Fraudais. Rien qu'avec les visions de la pieuse stigmatisée, on pourrait écrire un livre sur le Saint Pape et le Grand Monarque. Contentons-nous de ces quelques tableaux si émouvants pour des cœurs français :

Marie-Julie est transportée dans un désert aride et désolé au milieu de ténèbres confuses. Devant elle était un tombeau, celui de la France ; il s'exhalait des odeurs méphitiques qui ne permettaient pas de s'en approcher.

Tout à coup une lumière brillante et Jésus-Christ descend, ouvre le sépulcre, se penche sur le cadavre et le prend dans ses bras, doucement et tendrement, comme saint Joseph prenait l'Enfant Jésus. La France se réveille et le Sauveur lui parle avec amour, dans un langage tout embaumé des divines ardeurs du Cantique des Cantiques. Il lui promet de prochaines bénédictions, de prochaines gloires, de prochains triomphes QUI DÉPASSERONT TOUTES LES VICTOIRES PASSÉES parce qu'elle pleure ses fautes, qu'elle se repent, qu'elle se jette avec amour dans le Sacré-Cœur. Puis Jésus la recouvre et disparaît.

Quinze jours après : encore le tombeau de la France, mais elle en est sortie. Elle se tient immobile devant Jésus-Christ qui lui sourit tendrement, elle est enveloppée d'un long suaire noir : ce sont ses crimes. Jésus-Christ l'en dépouille jusqu'à la hauteur de la poitrine. Il lui couvre la tête d'un voile éclatant de blancheur, puis il arrache de son Cœur un Lys fleuri et le plante dans le cœur de la ressuscitée…

Puis, encore quinze jours après, Marie-Julie voit la France, Fille de Jésus-Christ, presque montée au dernier degré du trône sur lequel Il était assis. Son suaire noir était entièrement tombé, le Sauveur le foulait sous ses pieds et la France aussitôt se paraît d'un manteau blanc couvert de lys d'or qui l'enveloppait des pieds à la tête.

Et dans la vision suivante, quelques jours après, Jésus-Christ était assis sur un trône resplendissant ; il y avait auprès de Lui sa Mère. La France se présente toute vêtue de blanc et de fleurs de lys. Elle est déjà couronnée, mais pas encore de la grande Couronne qui ne lui sera donnée qu'à l'heure de son salut. De son cœur sortait le lys que Jésus-Christ y avait déposé, elle était chargée de fleurs. Parmi ces fleurs, il y en avait une qui brillait plus grande et plus éblouissante. La France gravit les marches du trône, la Vierge priait, souriait et pleurait. Son Divin Fils s'écrie alors, qu'Il est vaincu, qu'Il ne peut plus résister, qu'Il oublie, qu'Il pardonne :

« À Vous désormais, Ma Mère, à Vous seule, de commander et de fixer l'heure de la victoire de votre Fille bien-aimée. »

Et prenant dans Son Cœur une goutte de sang et une larme aux yeux de la Sainte Vierge, Il dépose ce mystérieux mélange dans la grande Fleur du cœur de la France.

À la droite du Trône était agenouillé le Pape (le Saint Pontife). Jésus-Christ l'appelle et le nomme « son cher Fils. » Il le fait monter à Ses côtés, puis il lui dit :

« Tu as assez souffert ; il est temps que tu sois consolé et que tes ennemis disparaissent afin que ta gloire règne en souveraine dans l'univers. »

Le Pape, en pleurs et pressé sur le Cœur de son Maître, s'écrie qu'il ne mérite pas une telle récompense qu'il est indigne de telles splendeurs.

À gauche du Trône était le Roi, il monte à son tour, mais un peu moins haut que le Pape et reçoit lui aussi les divines promesses. Il est le Fils bien-aimé de la Vierge et il régnera avec son drapeau symbole de pureté et de gloire (c'est-à-dire le drapeau blanc fleurdelisé). Cependant, tous les grands saints qui protègent la France, planaient alentour. Au premier rang, revêtu de ses armes, Saint Michel semblait attendre fièrement l'heure de la lutte contre le mal.

Trois semaines après, vision analogue à la précédente. C'est encore le Roi amené par la Sainte Vierge qui l'aime comme son Fils à cause de son innocence. Il apparaît en Souverain couronné de grandeur et ombragé par les plis de son drapeau. Bientôt le tableau change et se complète : la France suit son chef légitime, marche reposée sur le Cœur de la Vierge et sa petite couronne se transforme en diadème de victoire. Le Sacré-Cœur s'unit à Marie pour l'assurer de Son Amour et lui annoncer une fois de plus qu'il vaincrait ses ennemis dans un triomphe sans égal.

« LA FRANCE EST SAUVÉE ! » répète sans cesse Marie-Julie. Les bons amis du Sacré-Cœur sont groupés en masses profondes derrière la France, précédés de tous les Saints qui protègent la Fille Aînée de l'Église.

Voici encore une autre vision qui donne des précisions sur le moment où le salut s'opérera :

> « Au moment où tout sera au désespoir … Ce sera l'instant de la Victoire. Ce sera l'instant où tous les forfaits et les impiétés retomberont sur ceux qui les auront commis. »

Notre-Seigneur s'adressant à la France :

> « J'enverrai saint Michel, Prince de la Victoire, apporter le Lys au chevet de ta tête. »

Et la Sainte Vierge ajoute :

> « Mon Divin Fils et Moi avons réservé la Fleur de Lys. Restez, enfants fidèles, dans la simplicité de vos opinions. » (Fidèles à Dieu et au Roi, au Grand Monarque.)

Tous les anges sont là, au pied du Trône céleste avec la Sainte Vierge qui offre à Son Divin Fils une belle bannière blanche ornée de deux Fleurs de Lys (le Saint Pape et le Grand Monarque, tous deux du Sang Royal de France).

Quand paraîtront-ils ? Au moment de l'incendie de Paris semble-t-il :

> « Voilà l'heure et le moment. À nous la Victoire ! C'est le petit nombre qui sera vainqueur. » Puis l'Archange découvre l'Étendard de la France. La Sainte Vierge s'avance et présente le Lys et lui met la Couronne… Notre-Seigneur dit : « Entends-tu ma voix, O Fils bien-aimé, Toi qui depuis si longtemps foule la terre étrangère, ne vois-tu pas le chemin où J'enverrai à ta rencontre les Princes des Armées Célestes, mes Séraphins, mes Chérubins avec leurs ailes, afin que ce triomphe soit beau comme celui d'un Roi de prédilection et de bénédiction ? Mon Fils bien-aimé, sèche tes pleurs, le Lys sera ton frère (le Saint Pape), et ma Mère sera ta Mère (le Grand Roi est orphelin…) et c'est sur ton front que le Lys s'épanouira toujours. Puis, de ton front, il s'épanouira sur ton Trône, de ton Trône sur la France, ton royaume réservé, et de là au-dehors des frontières françaises, jusque sur la Ville Éternelle. »

Saint Michel dit :

> « Je les ai portées (les Fleurs de Lys) dans le Cœur de Jésus et du Cœur de Jésus dans le cœur d'un Roi qui a donné son sang et que l'Église béatifiera (Louis XVI). »

Cette affirmation du Prince des Milices Célestes, venant en conclusion de cette magnifique vision a sans doute pour but de nous confirmer que les « deux fleurs de Lys » le Saint Pape et le Grand Roi descendent bien tous deux du Roi-Martyr. Sans même connaître cette Descendance, restons donc fidèles au principe de la Survivance qui est la Seule Vérité et faisons confiance à Dieu qui saura la révéler à Son heure, puisque telle est Sa Volonté.

Et Marie-Julie explique :

> « Le triomphe des vivants sera beau quand la Sainte Église, aujourd'hui entourée d'épines, se verra entourée d'une COURONNE DE LYS D'OR ! »

Le Saint Pape, le Grand Roi et les autres Princes des Lys qui doivent régner sur le monde et assurer le triomphe de Dieu et de l'Église.

Elle ajoute :

> « Les défenseurs de la Foi seront couverts par la protection du ciel. »

La Race des Rois de France étant celle de David — donc celle même de Notre-Seigneur et de la Vierge Immaculée — il est normal que ce soit les princes de cette Race [6] — divine en un de ses Membres — qui soit appelée à régner sur le monde, lors du grand triomphe de l'Église.

Seule importe, pour la Maison Royale de France, l'ascendance salique. Plusieurs âmes privilégiées affirment cette ascendance salique et tout indique sa réalité. (Voir à ce sujet notre étude « *Le Caractère sacré et divin de la Royauté en France* [7]. »

On peut, en effet, s'appuyer sur la Sainte Écriture. Les serments de Dieu sont formels :

À Noé :

> « J'établis mon ALLIANCE avec vous et avec votre postérité après vous. » (*Genèse*, IX, versets 8 et 9 et *Genèse*, XV, verset 18.)

---

6. *L'ascendance davidique des Rois de France* — comme aussi de la plupart des Maisons Souveraines européennes — est établie historiquement mais seulement par les femmes, et non saliquement, c'est-à-dire de mâle en mâle, notamment par la Bible ; l'Évangile de saint Luc concernant la généalogie de la Très Sainte Vierge ; l'ouvrage d'Émile Rey « *L'Aïeule du Christ, Sainte Anne de Jérusalem* » ; celui du Chanoine Mazel « *Les Saintes-Maries-de-la-Mer et la Camargue* » ; « *Les Généalogies historiques des Rois, Empereurs…* » etc., de Chazot de Nantilly ; « *The National Message* » « *Les Annales de la Monarchie Française* » de Limiers ; Anderson sur les ancêtres de la Reine Victoria ; Comte de Morant : « *Le Sang Royal de France* » etc., et les grandes généalogies officielles.
7. Voir page catalogue des Nouvelles éditions.

Avec Abraham :

> « J'établirai mon ALLIANCE avec vous et Je multiplierai votre race à l'infini … Vous serez père d'une multitude de nations. Je vous rendrai fécond à l'infini. Je ferai sortir de vous des nations et des rois. J'établirai mon ALLIANCE entre Moi et vous et vos descendants après vous, dans la suite de leurs générations par UN PACTE ÉTERNEL, en vertu duquel Je serai votre Dieu et celui de votre postérité après vous … » (*Genèse*, XVII, versets 1 à 7, et aussi 15 à 19, ainsi que *id.*, XVIII, versets 18 et 19.)

Avec Jacob :

> « O, Jacob, mon serviteur, vous qui marchez dans la droiture du cœur et que J'AI CHOISI POUR MON HÉRITAGE PARTICULIER, CAR JE RÉPANDRAI MON ESPRIT SUR VOTRE POSTÉRITÉ ET MA BÉNÉDICTION SUR VOTRE RACE. » (*Isaïe*, XLIV versets 1 à 3, et aussi XXXIII : versets 2 à 5, et Exode : VI, versets 2 à 5).

Et encore :

> « Juda est un jeune lion … LE SCEPTRE NE SERA PAS ÔTÉ DE JUDA NI LE PRINCE DE SA POSTÉRITÉ …. » (*Genèse*, XLIX, versets 9 et 10).

Enfin à David. Car ainsi parle le Seigneur :

> « DAVID NE MANQUERA JAMAIS D'UN SUCCESSEUR ASSIS SUR LE TRÔNE DE LA MAISON D'ISRAËL. De même qu'on ne peut compter les étoiles, ni mesurer le sable de la mer, de même JE MULTIPLIERAI LA RACE DE DAVID, mon serviteur … (*Jérémie*, XXXIII, versets 14 à 17, et 22).

Dieu ordonne au prophète Nathan de dire à David :

> « JE VOUS AI CHOISI … JE METTRAI SUR VOTRE TRÔNE, APRÈS VOUS, VOTRE FILS ET JE RENDRAI LE TRÔNE DE SON ROYAUME INÉBRANLABLE À JAMAIS. S'il commet quelques fautes, Je le punirai, MAIS JE NE RETIRERAI POINT MA MISÉRICORDE … VOTRE MAISON SERA STABLE ; VOUS VERREZ VOTRE ROYAUME SUBSISTER ÉTERNELLEMENT ET VOTRE TRÔNE S'AFFERMIRA POUR JAMAIS. » (*Rois*, II, versets 8 à 29.

C'est par avance la proclamation de la LOI SALIQUE QUI PERMETTRA LA RÉALISATION DES PROMESSES DE DIEU concernant la pérennité de la race de David jusqu'à la consommation des siècles.

Au verset 19, il est ajouté :

« Car c'est la loi des enfants d'Adam. »

À plusieurs reprises, Dieu voulut confirmer son serment :

« Le seigneur a fait à David un serment véritable et Il ne le trompera point. J'établirai sur votre trône le fruit de votre ventre. » (*Paralipomènes,* t. 1 chap. XII, versets 7 à 15, 26 et 27, et aussi le verset 17.)

Le Psaume LXXXVIII est lumineux :

« Je conserverai à David éternellement ma miséricorde et je ferai subsister sa place dans tous les siècles et son trône autant que les cieux… Je visiterai avec la verge leurs iniquités et Je punirai leurs péchés… mais Je ne retirerai point de dessus lui ma miséricorde et Je ne manquerai point à la vérité des promesses que Je lui ai faites. Je ne violerai pas mon alliance : J'ai fait à David un Serment irrévocable par Mon saint Nom et Je ne lui mentirai point — Je lui ai promis que sa race demeurera éternellement et que son trône sera éternel en Ma présence comme le soleil… »

Pour nous éclairer, Dieu a mis sur les lèvres de Saint Remy les paroles qui éclairent le mystère.

« Par égard seulement pour cette Race Royale… que J'ai choisie délibérément pour régner jusqu'à la fin des temps au sommet de la majesté royale pour l'Honneur de la Sainte Église… j'ai arrêté ce qui suit ; (suivent les malédictions en cas d'infidélité et les bénédictions s'ils persévèrent dans les voies du Seigneur…) »

Lors du baptême et du sacre de Clovis, inspiré, Saint Remy lui avait dit :

« Il sera victorieux et prospère tant qu'il sera fidèle à la foi romaine. Mais il sera rudement châtié toutes les fois qu'il sera infidèle à sa vocation… Il soumettra tous les peuples à son sceptre. Il durera jusqu'à la fin des temps ! »

C'est la répétition presque mot pour mot du serment fait par Dieu à David. Notre foi ne nous dit-elle pas que là est la vérité ?...

Or, à deux stigmatisés, — en France et à l'Étranger — Notre-Seigneur a précisé que cette recherche devait être poursuivie. Ce qui est une confirmation de cette ascendance salique davidique.

N'oublions jamais la puissante Avocate qu'a notre France en la Personne de la Reine du Ciel, la Vierge Réconciliatrice. C'est elle qui est le paratonnerre de notre Patrie qu'Elle va sauver demain car Elle est véritablement la Reine de France :

« *Regnum Galliæ, regnum Mariæ.* »

Notre-Seigneur l'a affirmé à MARIE LATASTE, Religieuse du Sacré-Cœur :

« Il est une chaîne, *disait-Il*, que Satan ne peut briser et qui le captive : car Ma Mère a un droit spécial sur la France qui Lui est consacrée et par ce droit Elle arrête le bras courroucé de Dieu et répand sur ce Pays qui Lui est voué, les bénédictions du Ciel... C'est pourquoi je ne cesse d'avertir pour prévenir d'immenses calamités.

« O France, ta gloire s'étendra au loin ; tes enfants la porteront au-delà de la vaste étendue des mers et ceux qui ne te connaîtront que de nom, prieront pour ta conservation et ta prospérité. »

Ayons donc une foi intrépide, inébranlable dans la venue du Saint Pontife et du Grand Monarque, comme dans la Mission divine de la France. Ils assureront le double triomphe des règnes du Sacré-Cœur et du Cœur Immaculé de Marie, des deux Cœurs unis. Et, dans les événements — vraisemblablement déjà commencés — plaçons-nous sous l'aile protectrice de Marie et sachons nous abandonner totalement à la volonté divine quelle qu'elle soit, car SEULE cette divine volonté importe et est la Voie, la Vérité et la Vie.

Table des matières

I

Description prophétique des temps actuels
et de la crise de l'Église 9
    Le cinquième âge de l'Église 9
    Le petit nombre resté fidèle 11

II

L'annonce du saint Pape et du Grand Monarque 17

III

Le Grand Monarque, roi caché descendant de Louis XVII 29
    Le roi caché 30
    Portrait Physique 32
    Caractère et Vertus du Roi 32
    Intelligence du Roi 33
    La mission du Grand Monarque 34
    Quand paraîtra le Grand Monarque ? 34
    Quand paraîtra-t-il ? 35
    Quelques prophéties annonçant le Saint Pape
        et le Grand Monarque 35

IV

Le Saint Pape 47
    Les prophéties l'annonçant 48

V

Les visions de Marie-Julie Jahenny 63

EGALEMENT DISPONIBLE

- *La Vierge Marie dans l'histoire de France*
  ISBN : 9798885671804

- *La mission divine de la France*
  ISBN : 9781637906026

- *Le caractère sacré & divin de la royauté en France*
  ISBN : 9798885671811

- *Jeanne d'Arc la pucelle*
  ISBN : 9798885671798

- *Marie-Julie Jahenny :* la stigmatisée bretonne
  ISBN : 9781648582240

- Lucifer et le pouvoir occulte
  ISBN : 9781637906002

- Ascendances davidiques des Rois de France
  ISBN : 9798885671828

21 mars 2017
ISBN : 9798354354320

Pour plus d'informations

Printed in France by Amazon
Brétigny-sur-Orge, FR